台山
拾华

第一侨乡回望

雷鸣夏　陈梦醒　何志达　吴伟鹏　著

暨南大学出版社
JINAN UNIVERSITY PRESS

中国·广州

图书在版编目（CIP）数据

台山拾华：第一侨乡回望／雷鸣夏，陈梦醒，何志达，吴伟鹏著. —广州：暨南大学出版社，
2022. 4

ISBN 978-7-5668-3315-0

Ⅰ. ①台… Ⅱ. ①雷… ②陈… ③何… ④吴… Ⅲ. ①侨乡—史料—台山 Ⅳ. ① D634.1

中国版本图书馆 CIP 数据核字（2022）第 016053 号

台山拾华：第一侨乡回望
TAISHAN SHIHUA: DI-YI QIAOXIANG HUIWANG
著　者：雷鸣夏　陈梦醒　何志达　吴伟鹏

出 版 人：张晋升
策　　划：黄圣英
责任编辑：郑晓玲
责任校对：张学颖　黄晓佳
责任印制：周一丹　郑玉婷

出版发行：暨南大学出版社（510630）
电　　话：总编室（8620）85221601
　　　　　营销部（8620）85225284　85228291　85228292　85226712
传　　真：（8620）85221583（办公室）　　85223774（营销部）
网　　址：http://www.jnupress.com
排　　版：广州尚文数码科技有限公司
印　　刷：深圳市新联美术印刷有限公司
开　　本：787mm×1092mm　1/12
印　　张：14
字　　数：192 千
版　　次：2022 年 4 月第 1 版
印　　次：2022 年 4 月第 1 次
定　　价：88.00 元

前 言

　　台山市，旧称新宁县，位于潭江与南海之间，素以"中国第一侨乡"之称闻名遐迩。

　　台山乃本人之原籍，祖祖辈辈繁衍于此。我虽在广州出生，但自小有随长辈返乡省亲的习惯，亦从乡人口中听到不少家乡的故事。新宁铁路、《新宁杂志》这些名词，如雷贯耳，深入吾心。

　　我在退休之后多有空闲，前往台山游览的机会大增，行行走走，寻寻觅觅，发现了大量当地的近现代历史遗迹，包括许多甚有价值的建筑与器物，于是心想：若能搜集、整理这些遗珍的信息，以图文并茂的形式结集成书，可为故乡文化的传扬略尽绵力，何乐而不为？有此想法后，我便携三五同好数次造访台山，走村串乡，钩沉遗珍。竟两年之功，颇有收获。千百年台山史，陆续奔至眼前。

　　受材料占有和认知水平所限，本书所述难免挂一漏万，仅为抛砖引玉，望读者诸君赐教。

雷鸣夏

2022 年 3 月

目　录

忆江南·台山好

一

台山好，
西风吹来早。
万千邑人出洋去，
食尽黄连或得桃，①
体劳心不老。

二

台山好，
自治有回报。②
金山归来兴百业。
新宁铁路是一宝，③
学校如牛毛。④

三

台山好，
爱国心音唉。
乡里解囊助抗战，⑤
飞将军勇驱敌逃，⑥
兴华立功劳。

① 早期出洋之台山人多为契约劳工。抵埠后数年相当于卖身为奴，需从事繁重的苦工，期满后方得赎身。部分侨胞赎身后勤奋打拼，自奉俭朴，积累本钱，投资生意。有的人幸运成功，终成富裕商人。

②1924年孙中山特许台山县试行地方自治。刘栽甫三任民选县长，招商引资，建设家乡，建树颇多。

③ 旅美归侨、铁路工程师陈宜禧发动乡亲集资修建贯通台山并通向江门北街港口的新宁铁路。该铁路全长百余公里，通车后大大方便了物流与客流。

④ 台山人非常重视教育事业，华侨捐资建校者甚多，民国时期全县仅小学便有七百余所。中学及职业学校数量也可观，教学质量不断提高。

⑤ 抗战时期，台山华侨捐出数千万美元及大批战略物资支援祖国。

⑥ 大批海外航空学校毕业的台山华侨青年在抗战中回国参军，保卫祖国领空和输送战略物资，其中还有人血洒长空。

四

台山好，
县城最善捯。
设施齐全市街壮，
屋宇轩敞骑楼造，①
居者乐陶陶。

五

台山好，
子弟造诣高，
连德抗疫耀史册。②
经武超导胜同袍，③
炳林纱线翱。④

六

台山好，
排球出英豪。⑤
中画西画大师众，⑥
粤乐洋乐声浪滔，⑦
文学亦风骚。⑧

①民国时期台山县城建设起步早、起点高、规划全，其现代化新貌领先全省，人称"小广州"。

②伍连德，祖籍广东台山，马来西亚华侨，博士。20世纪初我国东北地区鼠疫横行，其临危受命，北上抗疫，建立奇功。

③朱经武，祖籍广东台山，美国华人，博士，超导专家，曾任香港科技大学校长。

④雷炳林，出生于广东台山，赴美学习纺织工程，回国后为中国培养出首批纺织技术人才。曾任中国纺织学会副会长。在纺织厂任总工程师时为改进机器性能多有发明创造，屡获殊荣，被公认为中国纺织业泰斗。

⑤排球运动较早传入台山，非常普及，优秀运动员层出不穷，有多人入选国家队及各省省队。周恩来总理曾经称赞"全国排球半台山"。

⑥台山籍国画大师杨善深、油画大师余本、版画大师黄新波等，均享誉画坛。

⑦台山籍音乐名人如李凌、刘天一、陈百强、伍思凯、雷颂德、郑少秋等，均远近扬名。

⑧台山籍作家如雷石榆、林焕平、陈白曙、伍孟昌、紫风、黄宁婴等，在文学上均有一定成就。

第一篇

台山连着金山

· · · · · · · · · · ·

所谓金山，系台山乃至开平、恩平、新会四邑人及广府人最初对美国加州黄金产地的称谓。后来，澳大利亚东南部亦发现了金矿，于是墨尔本被"加冕"为新金山；美国西海岸的三藩市就顺理成章地变成了旧金山。再后来，世界各地（如南美、南非）相继有了淘金工业，乡人便将整个西方资本主义世界（南洋除外）统称为金山，还陆续衍生了金山橙、金山箱、金山毡、金山庄、金山伯、金山大少等相关名词。如此一来，金山这个概念的外延自是有所扩大，本书中出现"金山"一词时是采用宽泛的定义。

西风初度

沙勿略

台山与金山（代指西方世界）头一波接触发生在明朝嘉靖年间。1552 年 8 月，西班牙人、天主教传教士圣方济各·沙勿略（St. Francis Xavier）从日本东京来到台山的上川岛。沙勿略当时 47 岁，正值盛年。他有着极佳的教育背景，早年曾赴欧洲名校巴黎大学深造。巴黎大学历史悠久，其前身索邦学院建立于 1257 年。饱学之士沙勿略后来投身于宗教事业，成为耶稣会的六位创始人之一。沙勿略奉耶稣会派遣前往东方传教，自 1540 年起在印度、马六甲、日本、中国等处漂泊布道。他勇敢、执着、勤勉、刻苦，被世界天主教人士公认为"勇敢的航海者""史上最伟大的传教士"。

沙勿略来到台山上川岛后，不被准许踏上大陆。他郁郁不得志，不足半年便病逝于此。那么，沙勿略在台山的这几个月做过些什么，又留下了什么呢？我们似乎无法从历史文献中去了解考证，所幸教会所作的《圣方济各·沙勿略瞻礼》一文留下了一些蛛丝马迹。该文叙述沙勿略的生平事迹时提到他是"施瞽目之光明者，佑航海之险难者"，又说他是"病者之痊，困者之托，忧者之慰，懦者之依"。我们有理由相信：沙勿略有可能把当时西方先进的航海科技、医药、心理辅导等知识传授给台山人，帮助他们解决一些相关问题，兴许还做过一些公益善事。这是一种良好的互助与交流。

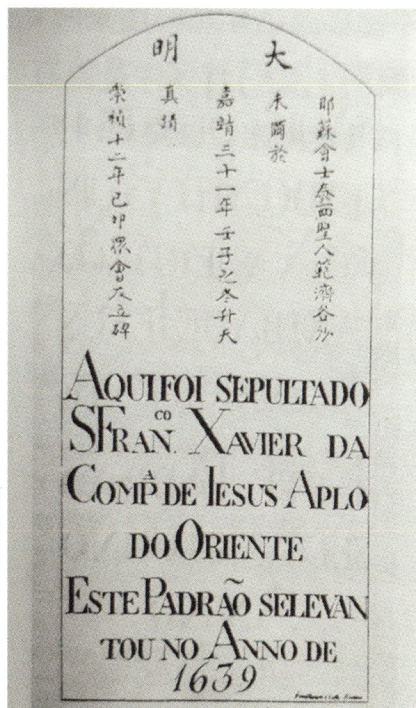

沙勿略墓碑碑文

上川岛天主堂远眺
（何志达摄）

上川岛天主堂近景

无独有偶，就在沙勿略来华前后，葡萄牙贸易商队也来到上川岛，目的是收购在欧洲大受欢迎的中国瓷器以及茶叶，最早来的葡商名叫"非地难德"。但当时明朝皇帝实行海禁，不允许与外国通商，葡国人便用走私的方式，将一批又一批景德镇名瓷贩回去，从上川岛出发，运往里斯本。有些在装卸过程中不慎破碎的瓷器便埋藏在该岛的沙滩中，至今仍不难挖到。上川岛居民于是把这片海滩命名为"花碗坪"。葡国人

昔日西方传教士在上川岛的住所（何志达摄）

则给上川岛留下了"贸易岛"一名。就这样，上川岛成了葡国人在中国的首个贸易据点，比澳门还早了几十年。1514年，葡国人从里斯本带来一根石柱立于岛上，岛民称之为"葡王柱"，据说立柱人阿尔发斯是葡国国王派来的。该石柱是当时中葡商业贸易往来的见证。

16世纪，台山首次与金山连接上了。

西方文化在19世纪中叶已经通过各种途径在台山广为传播。外国传教士甚至费尽思量编写出台山话版的《由英语浅学启蒙书译》（1873年出版，英国剑桥大学图书馆有收藏）。该书收录了一些个人修养方面的守则，以下是其中部分内容：

嫩仔共女仔唔好成日去嬲，要梳光头、洗净手去书馆，至可惜係了呢个时候，时候一了，就唔得番咯，你个是哈读书，就知道所未呢个闲野。到书馆必唔好讲时闻，或去嬲，要尽力去读书。你学熟读书，养大个时就心喜咯。

上川岛葡王柱

出洋谋生

台山与金山的第二波连接，始于 19 世纪。此次连接时间之长、空间之广、人数之多，均是第一波无法企及的。如果说上一次是西方人走进来，那么这一次就是台山人走出去。

1776 年，美利坚合众国建立后，工农业经济迅速发展，尤其是开始拓展西部后，对劳工的需求量剧增，原先从非洲贩来的黑奴已渐渐不敷使用。1848 年，美国加州发现并开挖金矿，加上随后开展的太平洋铁路工程建设，使得劳动力的短缺状况雪上加霜。

同一时期的台山，正值多事之秋。首先是自然灾害：从咸丰至光绪的 57 年内，共计发生水灾十回、旱灾四回、地震五回、瘟疫四回、饥荒五回。这些灾害造成赤地千里，民不聊生。天灾若此，人祸更甚：先有倭寇屡屡犯境，烧杀掳掠；后有山贼打家劫舍，谋财绑票；还有长达 12 年的土客械斗，惨死人数竟达百万。后果自然是田园荒芜，百业凋零。加上台山本为荒僻之地，丘陵起伏，土壤贫瘠，怎能承受这种种打击摧残？于是，三十六计走为上计，民众离乡谋生在所难免。

清代台山人出洋时所搭乘的"大眼鸡"船

19世纪初即有台山人出洋打工，但属少数。1848年，美国发现金矿的消息传来，才诱发了大规模的移民打工潮。美国的船务公司通过其香港经纪人四处派发招工传单，澳门的葡国人更是迅速成立"猪仔馆"以从中谋取巨利。这种"猪仔馆"最多时曾有三百余家。他们派人四处抓捕青壮年，手段之卑劣，令人发指。所谓"猪仔"，即契约华工。其签了契约，等于卖身，即时失去人身自由，到达外国后必须如奴隶般做数年苦工，省吃俭用，积得一笔钱来赎身，方可重获自由。

出洋的路途充满风险，危机四伏，艰苦难熬。从台山广海或澳门启航，航程至少三个月。木造帆船吨位小，性能差，抵抗风暴的力量不强，狭小的船舱内空气污浊，污秽不堪，吃喝拉撒均于一室，细菌滋生并引起交叉感染，得病者越来越多，其中不治者往往过半。船舱内条件恶劣，形同猪栏，华工也成了"猪仔"。有幸活着抵达者，上岸时个个都衣衫褴褛，长满疥疮，形容枯槁，不似人形。

1910年后，到达旧金山的华工还要被关押在天使岛拘留所内忍受盘问审讯之苦，美国当局为了防止华工冒用他人出生证入境，便出此下策。监禁时间短则十日八日，长则一年半载，还不能与外界接触，并时有羞辱性的搜身检查。有的人经不起种种精神折磨，宁可自尽，了却残生。这个天使岛，实为"魔鬼岛"。

天使岛

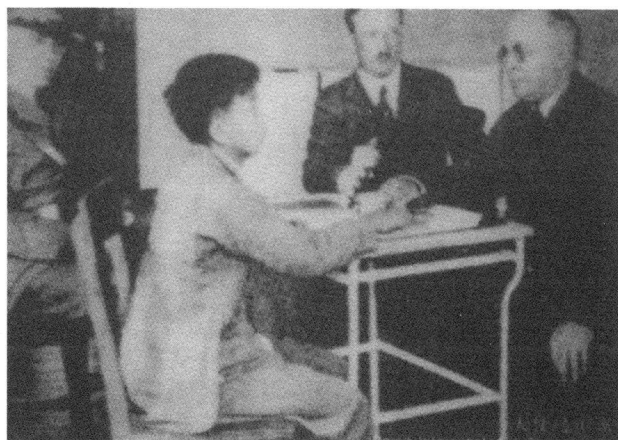

台山移民在天使岛接受审讯的情景

能够投入工作的华工，无论在矿山、铁路工地还是种植园，生活与劳动环境均非常恶劣。有的风餐露宿，无瓦遮头；有的住在集中营，毫无自由；有的必须整日泡在水中劳作，天长日久便患上风湿性关节炎；有的意志薄弱，经不起引诱，被老板恶意开设的烟档、赌档、妓馆套牢，终致钱财散尽，赎身之日遥遥无期。

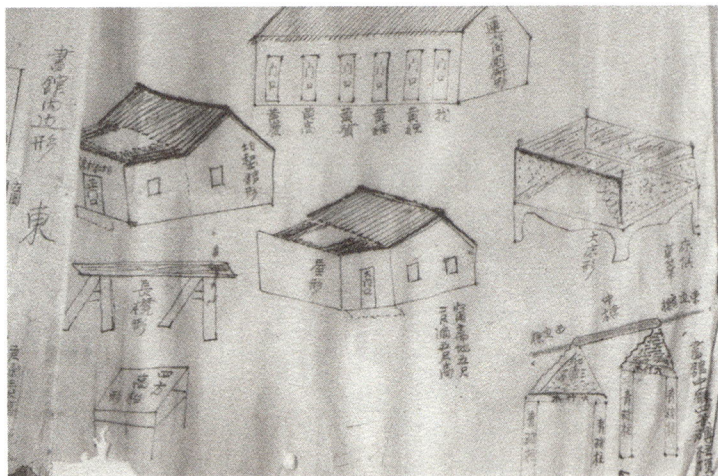

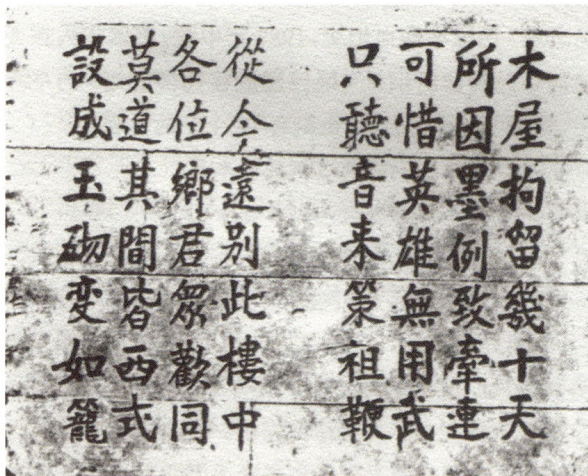

台山移民在天使岛接受审讯时所写的"口供纸"

台山移民在美国加州淘金时的居所

1906年台山移民到达秘鲁的情景

台山劳工在美国挖掘金矿时的劳动情景

台山劳工在马来半岛开采锡矿时的劳动情景

台山劳工参与太平洋铁路修建时在工地的留影

加拿大为修建铁路的华工所立的纪念碑

在北美的华工还随时会受到各种迫害，身家性命难以保全。下面兹举数例说明：1852年，在美国加州玛利丝维尔德，约1 000名华工无端被逐；1877年3月，美国旧金山莱姆牧场有六名华人佃农遭白人袭击，五人被杀；1877年7月，全美各地共有25间华人洗衣店被人纵火焚烧，店主损失财物价值两万余美元；1878年，美国加州特则基市唐人街被烧成平地，1 000多名华工被驱逐；1885年9月，美国怀俄明州的华工因不愿参加罢工，遭白人"劳动骑士团"报复，造成28死15伤，26人躲入山中惨遭野狼吞噬，79间房屋被烧光，700人财产尽失；1900年，美国檀香山当局借检疫之名火烧唐人街，华人财产损失达260万元；1911年，墨西哥莱苑市发生针对华人的惨案，死者多达300余人，其中台山籍102人。

早期美国唐人街街景

幸而"野火烧不尽，春风吹又生"。千千万万的台山人还是在大洋彼岸顽强地活了下来，并求得发展。1876年，由在美台山人组织的宁阳总会馆成立，登记入会者多达7.5万人。由此推算，加上未入会者，台山人估计超过8万人。20世纪初的旅美华侨中，台山人超过60%，故有"美国华侨半台山"之说。

除了美国、加拿大、墨西哥，台山人还分布在古巴、秘鲁、巴拿马、哥伦比亚、特立尼达和多巴哥等南美国家，南洋的马来西亚、菲律宾、泰国、缅甸、越南、印度尼西亚以及南亚次大陆的印度等国亦有台山人的踪影。20世纪后还有台山人赴英国、荷兰等欧洲国家谋生。

加拿大维多利亚市的台山宁阳总会馆

20世纪20年代台山华侨社团举行节庆活动大游行的情景

台山人与西方世界的这一波广泛连接，除了受尽苦难、备受歧视外，也有一些收获。他们看到了精彩的世界，见识了不同的文明，接触了资产阶级革命以后西方国家的先进科技、发达经济、丰富物产、优裕生活。有的人通过接受西方教育，对那里的政治制度、宗教信仰、法律体系、社会结构、媒体运作、伦理道德等都有了一定程度的了解。不少人回国时带回了相关的观念、习惯和器物，这不失为有益之处。

海口埠的台山银信博物馆（何志达摄）

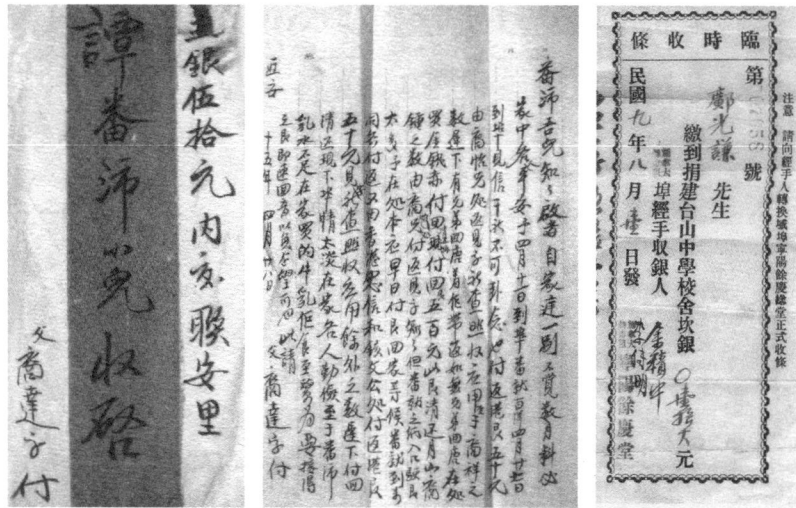

台山华侨寄回家乡的银信

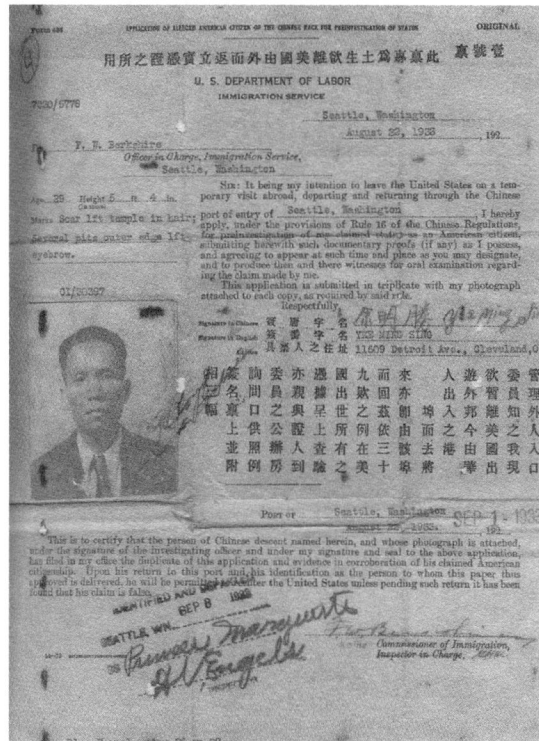

旅美台山华侨回国时所持的探亲证

四海为家

　　第一次世界大战后，中国国内的反帝浪潮冲击了西方。在第二次世界大战中，中国与美国、英国、加拿大、澳大利亚等成为反法西斯盟国，加上战后中国的国际地位不断提升，与全国侨胞一样，海外台山人在旅居国的处境也得到了逐步改善。

昔日台山华侨去国时的出海口（陈梦醒摄）

"猪仔"（契约华工）已不再是台山华侨的标志性身份符号，如奴隶般的人身依附关系基本上退出了历史舞台。成为自由人的台山华侨虽然大部分仍处于当地社会的下层，干的仍是洗衣、餐饮、卖杂货一类的辛苦工作，但在经济收入和生活质量上已有了较大提高。一些不人道的针对华人的法律被废除，华人可将配偶及子女接往旅居国，新一代普遍得以在当地接受良好的教育，从而找到了向上流动的阶梯。

在此背景下，从 20 世纪 20 年代至今的百年见证了台山与金山的第三波连接。这一波连接是较为平等的、双向互动的，在规模、数量、程度上都是前两波所不可比拟的。据统计，20 世纪初台山华侨人数已达 20 万之众；1953 年的人数约为 16 万；1998 年则达到 86 万余人，分布在 88 个国家和地区。除北美、南美、东南亚及澳大利亚等主要侨居地外，远至非洲的毛里求斯、马达加斯加、津巴布韦、莫桑比克，南太平洋的巴布亚新几内亚、斐济、瑙鲁、萨摩亚、汤加、所罗门群岛、塔希提，都有了台山移民的身影。

这个时期，不少台山人在异国他乡学业超群，事业出众，成功进入了当地主流社会，个别人还跻身政治权力核心，或在工商界、教育界、科技界、文艺界占有一席之地。以言军政要人，有人当上国家总督（加拿大总督伍冰枝）、政府首脑（巴布亚新几内亚总理陈仲民）、内阁部长（缅甸李遐养、秘鲁伍绍良、津巴布韦朱惠琼），出任州

出海口附近的街道旧貌

长、省长、市长的就更多了，还有成为军队将领（巴西李安尼）的。以言工商巨子，有美国罐头大王刘兴、赵贤，有号称"中国的洛克菲勒"的企业家梅彩逦，有在秘鲁拥有三个大牧场的伍于赞，有马来西亚锡矿大王赵荣煜、橡胶大王黄亚福，有泰国碾米业大王马荣政，有沙捞越富商丘正琼、江世欣，有印度尼西亚船王翁肇鸿，等等。以言教育名家，抗战时有梅志新、李圣庭分别在美国波特兰、旧金山开办航空学校，为祖国培养了大批飞行员；在美国各大学执教的著名教授有黄伯飞、李瑞芳、黄寿林等，在加拿大的有李亮汉、黄光运等，其中黄伯飞在耶鲁大学讲授中国文学长达30多年，李亮汉则被推选为卑诗大学（即不列颠哥伦比亚大学）校董会主席。以言科技翘楚，有超导专家朱经武、航天专家陈天枢、电脑专家陈天机、飞机设计师叶自强、生物学家朱承、纳米专家曹干城、核物理专家盘占元、天文学家邝振焜、外科专家邝大理、针灸专家江乃驱、儿科专家谢华英、肿瘤专家伍宗元等。以言文艺精英，电影界有黄宗霑、黄柳霜，文学界有谭恩美、林小琴、刘荒田、谭幼今，美术界有曾景文、陈丹青，等等。

这一波连接有明显的交流性与互利性。不少台山留学生学成归来报效祖国，引进了西方国家的先进科技，比如中国现代纺纱工业奠基人雷炳林、著名眼科专家陈耀真；也有些台山人在彼邦将中国的优秀传统文化发扬光大，比如在美国的名中医黄隆生、雷鸿络，在委内瑞拉的名中医梅其善。至于台山人对美国饮食文化的贡献，更是无须赘言了。

这一波连接至今并无结束的迹象，反而将会持续下去，在全球化多边主义大潮中进一步巩固和发展。

台山华侨晚年往往叶落归根，回归唐山，在祖国各地兴办各种现代化事业，为国家的发展壮大作出了很大贡献。

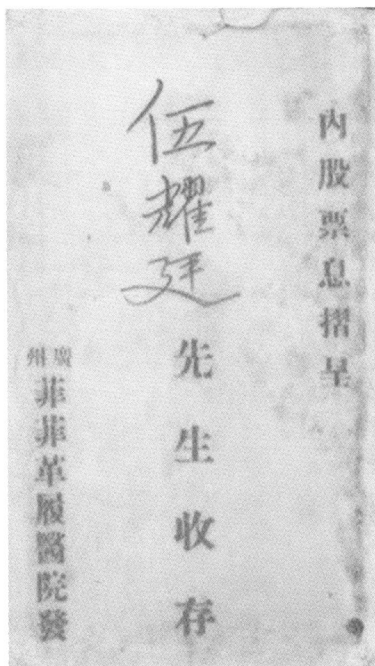

清末台山人创办的康年储蓄
银行广告

民初台山人创办的广州菲菲革履医院股票

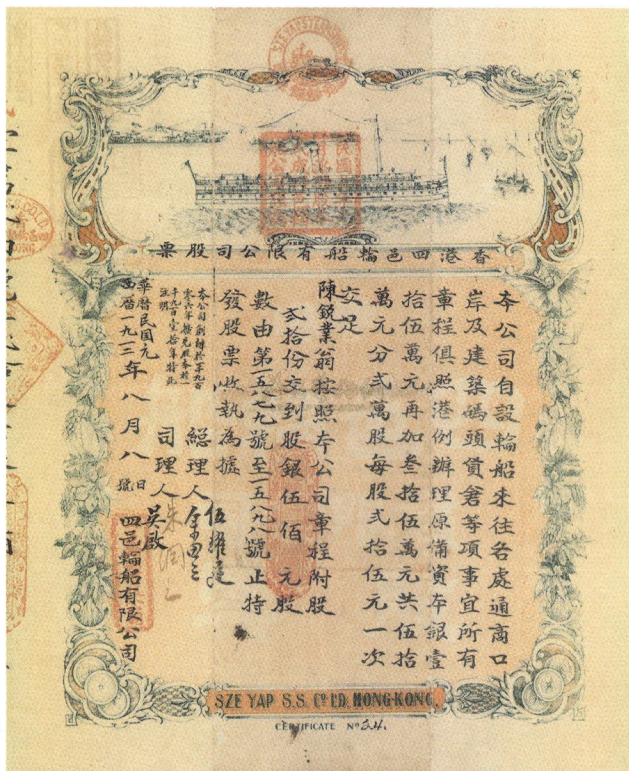

民初台山人创办的香港四邑
轮船有限公司股票

20 世纪初台山人创办的
江门造纸厂全景

第二篇

县城对标省城

. . . .

台山任期最长的民选县长刘栽甫

明季新宁县从新会县分离出来，至 1914 年改名台山，于是县城也就随称台城。这座有着 500 余年历史的小城，在全县人民的共同努力下，在海外侨胞的热心支援下，励精图治，有了长足进步，旧貌换新颜。人们喜欢把台山称为"小广州"，意为"仅次于中国南部这个繁华的商港城市"（历史学家李瑞芳教授语）。

欲取得物质层面之进步，需先有制度层面的革新。台城的发展轨迹，正是一个极好的例证。1924 年，南方革命政府领袖孙中山特许台山县试行地方自治。有关规定如下："台山县署因行政利便，对于调查户口、测量田土、修筑道路、疏浚河道、推行义务教育、开辟公共坟场等设施及革除迷信奢侈等陋习，得强制执行之。"

先进的管治理念与模式，加速了台城的现代化进程。自治的实施，为台城乃至整个台山县的发展松了绑。挣脱了政治上及财政上的种种束缚，民选的地方领导人刘栽甫等便有了放手大干、施展雄才伟略的机会。首先，《台山物质建设计划书》出台了，它涵盖了 31 个方面的发展规划，完备且具体，拆墙铺路，改造旧区，建设学校、医院，兴办公园、图书馆、博物馆等文化休闲设施，无一不在其中，深受乡民欢迎和拥护。

广州爱群大厦投资人陈卓平、设计师陈荣枝和李炳垣（从左至右）

早在20世纪初，台山归侨就已率先在广州东山开发荒地，兴建洋楼；之后又在市中心（惠福西、纸行街等处）连片发展房地产业；30年代，广州市的地标建筑爱群大厦亦是台山人的杰作，曾雄踞华南第一高楼地位数十年。我们相信，当20—30年代台城大兴土木时，台山人在省城参与当地建设的理念及经验会被顺理成章地带回家乡，令台城的发展更为顺利和快捷。其实，台山人在广州不单从事建筑置业，还投资兴办电灯公司、电车公司、银行、酒店、医院、学校、戏院、纺织厂、油漆厂、木材厂、火柴厂等，这无疑为稍后台山相关行业的建设与勃兴提供了示范，起到了促进作用。

广州爱群大酒店同益有限公司招股宣言

广州在 1921 年成立市政厅，正式建市。在孙科、刘纪文等几位留洋市长任内，广州的现代化建设如火如荼地飞速进行。拆城墙，开马路，建骑楼街，一座座现代化建筑拔地而起，绿化空间随之而来，花园城市的规划逐步落实。台城的起步比广州晚了三年，省城的先行正好成为台城的标杆。正所谓有样学样，许多广州有的东西，不久后在台城也出现了。政府大楼、银行大楼、医院大楼、教学大楼、酒楼戏院、中西餐厅、各式店铺、交通设施，台城全都齐备了。我们将今日所见的台山老街与广州西关等地的老街相比，常禁不住惊呼：何其相似乃尔！

台山对广州始终抱着一种学习取经的态度。我们翻看台山民国时期的广告，发现许多广州的银行、营造厂、律师楼、保险公司、建筑师事务所等都被招徕至台城开办分号或者做生意。台山一中和台山女师的建校思路完全仿效广州的培正中学等学校，均到海外各处侨界募款。广州培英中学应邀来台城办分校，教学工作完全由其负责指导。

台山的水路连接成网，带动了人流、物流的周转加速。在金融业方面，台山的繁荣程度冠于四邑。台城商业之发达，远近闻名。台城先后有过 19 间银行，160 余间钱庄、银号。西宁市是台城金融街所在地。20 世纪 40 年代，台城有各种店铺近千间，其中饮食、服装、日用品、粮油、服务等行业最为发达。

民国时期的台山汽车总站

民国时期台山的公共汽车

20世纪20年代的台山街道，有南昌路、革新路、青云路、北盛路、台西路等。从图中可以看到，当时台山已是骑楼矗立，房屋井然，街道笔直，路面整洁，汽车及自行车等现代化交通工具已经出现

民国时期台山的五华银行大楼

民国时期台山的中央大茶楼

民国时期台山的远东旅店

台城的教育在民国时期已十分兴盛，包括幼儿园、中小学、职业学校（含会计学校、师范学校）在内的完整基础教育体系业已臻于完备。20世纪40年代，在台城约3万居民中，学生人数达9000余，约占总人口的1/3。由于海外华侨倾囊相助，台城的学校校园阔大，校舍精美，教学设备先进，与广州的同类学校相比，不仅毫不逊色，有些甚至有过之而无不及。

当时台城居民的物质生活水平相对较高。衣着方面，有棉布店、丝绸店、洋服店等；饮食方面，有中西餐厅、酒楼冰室近300家；居住方面，各式洋楼林立，通电、通水、通电话；出行方面，马路四通八达，汽车、火车、自行车穿行无阻。

台城居民的文化生活亦非常丰富，出版业蓬勃发展，可供阅读的各种报纸杂志超过100种。全国第一本侨刊《新宁杂志》自1909年创刊出版发行，至今不辍。台城有联华、太平等数家戏院，放映中外电影，且有粤剧及曲艺演出。台山系广东音乐发源地之一，有不少八音班与乐社，常在节庆活动中演奏。

在宗教生活方面，台城有数间天主教及基督教的圣堂，方便归侨中的教友来参加主日崇拜、望弥撒等宗教仪式。台城还有若干佛教及道教的活动场所，方便信徒参拜。

由上可见，台城获得"小广州"的美名乃实至名归。这座县城与省城良性互动、共同进步，成为广东现代历史中的一段佳话。

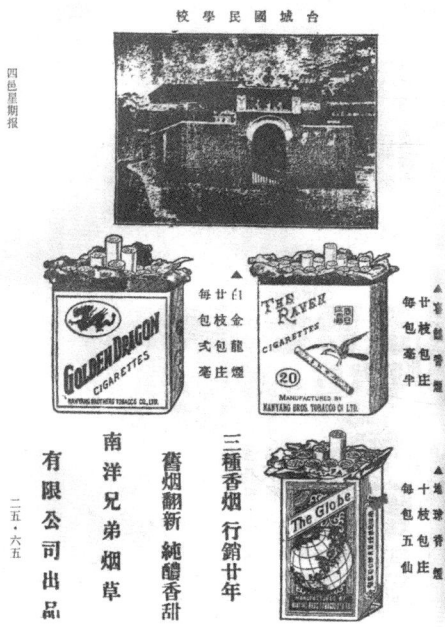

昔日台山的报纸广告

民国时期台山出版的四种民办报纸

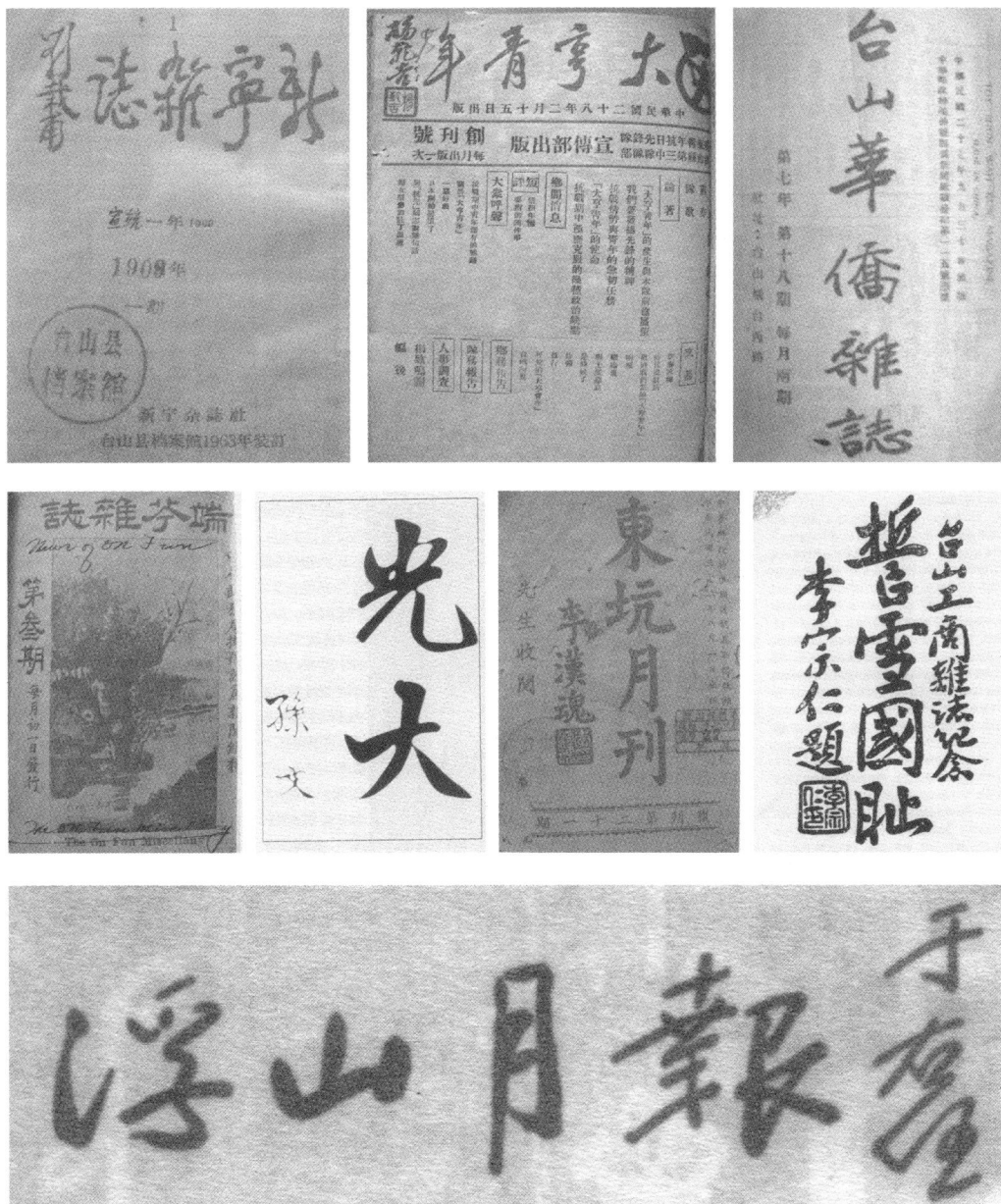

民国时期台山出版的部分杂志

民国时期的台山太平戏院（现为
人民大药房）（何志达摄）

民国时期台山的中山公园
及园内佛塔

第三篇

铁路通向海路

· · · · · · · · · · ·

台山需要一条铁路

当我们打开地图，便可清晰地看到，台山东、北、西三面基本上被潭江所怀抱，南面则对着茫茫南海。台山的地形是中部最高，北部由东南向西北倾斜，南部由东北向西南倾斜。南部虽有冲积平原，但不乏山岳及丘陵。这样一来便造成了筑路的困难，南北交通运输十分不畅，两地居民交流不易，货物难以互市，这对台山的农业和手工业发展造成了很大的阻碍。《新宁杂志》早在 1913 年第 2 期便发文道："盖交通不便，人皆闭关自守，南北界限有如鸿沟。出产之物，只在产地经销，非产地者，不但无其物，且不谙其名。"

到了 19 世纪末，台山尚无一条公路，代步工具亦仅有肩舆及手车。台山人欲往省城或港澳，一般是富人坐轿、穷人步行，短则一日，长则两日，方能从所住村落去到县城。劳顿辛苦自不必说，路上遇到打劫的贼人更为可怕。而且旅客若携带行李物品，如箱笼箧袋等，更是寸步难行。到县城后，还需搭乘小船前往江门，或继续循陆路到新昌、公益等处，转乘拖渡或轮船，才可到达目的地。此种费时费力、事倍功半的出行方式实在令当地居民沮丧，徒呼奈何！

再者，台山的粮食供应一半仰仗洋米，各种日用百货亦需从外地运来。但近乎原始的运输手段并不能保证供应，《新宁杂志》就曾发出"舟楫若断，炊烟立断"的悲鸣。台山整体经济发展受此状况严重拖累，在 19 世纪末呈现出衰退状态。

幸而台山有数万侨胞在美国、加拿大和巴拿马参加过铁路的修建工程，耳闻目睹了"钢铁大动脉"给当地经济发展及人员流动带来的巨大裨益。因而当他们告老还乡后，便萌生了在家乡修铁路的愿望。1892—1893 年，台山的社会贤达便开始商议铁路建设事项，可惜议而未决，无果而终。

虽未成事，盼望仍存。台山的确太需要一条"钢铁巨龙"了！

铁路修到了江门

19 世纪末时，最早提出的新宁铁路建设方案是连接台城与广海。广海古称溽州，地处台山东南沿海，明洪武二十七年（1394）开始在此筑城。广海十分重要，它曾经是海防要塞以及华工出洋的始发地，也一直是一个繁忙丰饶的渔港。然而，广海并非一个现代化港口，它的辐射能力以及与国外港口通航的能力均不强。江门则是一座正在迅速崛起的城市，它的地理位置极佳，是一座枕江通海的商埠，可从这里乘坐轮船直达香港、澳门，还可搭花尾渡沿珠江水网到达广州。江门市乃四邑地区的地理中心，是十分重要的货物集散地和客运枢纽。1915 年后台山人赵康平在江门北街买地建房，其他乡人陆续跟进投资置业，使江门北街出现了一片热闹的台山人社区。1925 年江门成为省辖市后，修长堤、开马路，城市建设突飞猛进，骑楼街绵延数里，中西合璧建筑风格的 13 个住宅区相继落成，工商业蓬勃发展，使江门成为广东省四大金融中心之一。最终，新宁铁路的终点弃广海而选江门，实属明智合理之举。

宁城车站

宁城车站月台及股道

江门北街车站

江门北街车站月台

新宁铁路头尾两个大站旧貌

新宁铁路工程共分三期。第一期是贯通南北，由斗山筑路至公益，串联了冲蒌镇、四九镇、宁城镇、水步镇、大江镇等重要地区，全长 61.25 公里。工程于 1909 年 3 月完成，耗时将近三年。第二期为东西走向，由公益出发，到达江门北街（出站不远处即通往香港的轮船码头），途中经过新会县会城，总长 50 多公里，从开工至通车历时三年。第三期工程本来雄心勃勃，打算向东延伸至佛山，与广三线及粤汉线接轨，向西则延伸至阳江，途经开平、恩平，将整个四邑连成一片。可惜受种种不利因素影响，最后仅修了一条短短的白沙支线，便再无下文。

始自 1906 年，止于 1920 年，整个新宁铁路修筑工程前后花费了 14 年光阴。完工后的铁路呈 Y 字形布局。从江门来到宁城，铁路会分出两个方向：南行抵达斗山，西行抵达白沙。

虽说第三期之宏图未能大展，但台山毕竟通过铁路紧密联系了新会和江门，打通了出海口，这对于台山的现代化建设事业大有助益，功不可没。

江门北街车站现貌
（吴伟鹏摄）

麦巷车站

东坑堡车站

斗山车站

大唐车站

水步车站

万福寺车站

新宁铁路沿线六个车站旧貌

鞠躬尽瘁陈宜禧

新宁铁路兴建计划之所以能够成功，陈宜禧居功至伟。如若没有他坚韧不拔的意志、百折不挠的精神、务实变通的智慧、爱国爱乡的情怀，恐怕新宁铁路建设要么是纸上谈兵，要么会功败垂成。

陈宜禧是台山县斗山镇美塘村人，他的故乡名人辈出，如陈遇夫（广东第一名举人）、陈司爝（清代进士）、陈卓平（广州爱群大厦投资者）、陈卓林（中国民航事业奠基人）等。为了实现更远大的目标，陈宜禧在14岁即离开了这片人杰地灵的土地，越过太平洋，前往美国，参与太平洋铁路修建工程。从一个白丁，到成为美国铁路工程师的"入室弟子"，再到正式进入当地铁路学校学习，陈宜禧实现了华丽转身。在之后约40年的美国铁路工作生涯中，他从杂工到技工再到管工，一路升迁，最终当上了助理工程师。

1904年，正值花甲之年的陈宜禧离开美国，告老还乡。对于一般人而言，之后的日子便可优哉游哉，含饴弄孙，但陈宜禧不是一般人，他回国不是为了颐养天年，而是要报效乡梓、振兴中华。他发现是时中国的铁路建设洋人得益最多：路权为其所有，工程被其包揽，营运由其管控。于是，他愤而上书时任两广总督张鸣岐道："职商有感于斯，眷怀祖国，深知铁路之权利至溥，转输交通最便，是以创议集资办路……"为了振奋乡人的民族精神，陈宜禧毅然提出"三不主义"——不借洋款，不招洋股，不用洋人。一时群情激奋，新宁铁路似乎呼之欲出了！

新宁铁路创办人陈宜禧

然而现实往往是残酷的，陈宜禧的面前横着几只"拦路虎"，可谓困难重重。

其一是愚昧落后的思想观念对修建铁路的抵制。清末民初之时，新文化运动尚未兴起，国人民智未开，各种封建迷信思想大行其道。当陈宜禧计划以新昌作为铁路起点时，当地的一些反对势力却宣称"轨道车头有碍水利祠墓"，坚决反对。新会的一些反对势力则说火车的汽笛声如鬼哭狼嚎，极不吉利，又说蒸汽机车喷出黑烟如同披头散发的哭丧女子，必然引来祸害。他们妖言惑众，竟唆使一群无知妇女去骚扰、刁难测量人员。当铁路修建至会城时，一些顽固保守的老朽叫嚣着若在猪嫲岭及西山修建隧道，势必会破坏当地的龙脉风水，严重影响乡人日后的功名仕途，并扬言要收买一批女童进入工地阻挠施工。凡此种种，不一而足。幸而陈宜禧立场坚定，未被吓倒。他一方面教育群众，据理力争；另一方面灵活处理，适当让步；同时巧用当局的支持，利用各种关系多方疏通。数管齐下之后，虽然阻力很大，但困难最终还是迎刃而解。

其二是腐败官场势力的破坏。1904年，正当陈宜禧身处海外忙于集股之际，新宁知县陈益却暗中拟就一份主张"县官促办"的章程上报时任两广总督岑春煊，妄图篡夺筑路大权。还有广东商务局提调余乾耀，抢先草拟了《宁阳铁路有限公司详细章程》上呈商务部，并污蔑陈宜禧"不照商律办事，不候督宪批准，妄自集议"。陈宜禧从美国赶回后交涉无果，欲诉无声，欲哭无泪。幸好皇天不负有心人，商务部右丞王清穆南下考察给了陈宜禧一个极佳的机会，陈宜禧抓住时机向他申诉，力陈理据，表明心迹，终于得到他的支持。不久，新知县倪祖培上任，陈宜禧当面向他逐条驳斥余乾耀所拟章程，余氏自讨没趣，唯有自行告退。最终，陈宜禧所拟章程经王清穆以及出使美国大臣梁诚大力保举，由商务部奏请慈禧太后准予施行。

其三是资金短缺。在首期工程开展之时，由于海外侨胞踊跃购买股份，故资金充足，手头宽裕。可是到了第二期工程阶段，财政短板便暴露无遗了。1911年春天雨水颇多，铁路公司不得不筑桥泄水，造价因此大增。如要按时通车，需即刻增资数十万元。陈宜禧不得不改变初衷，因时制宜，请求时任两广总督张鸣岐准其向外国银行贷款60万元，张氏却批示"未便照办"一口拒绝，而是电请邮传部令交通银行将原借款年限延期两年，并通过官赈钱局和广东浙江银行借出30余万元纾困。这样一来，新宁铁路受官方操控的力度变大了，铁路公司等于被套上了一条绳索。第二期工程收纳股本严重不足，令新宁铁路债台高筑，至1913年欠债累计1万余元。到第三期工程开工之时，资金愈发捉襟见肘，陈宜禧在海外华侨、本地商绅中奔走集股，可惜终无所获，因财政问题无解，第三期工程计划基本上未能实现。

屋漏偏逢连夜雨，新宁铁路还成了各路军阀的"提款机"。1915—1917年军人无票乘车欠款高达5万元。粤军总司令许崇智还下令每月向铁路公司"借饷"1万元。当然，这是"刘备借荆州"的翻版。土匪、地痞也没闲着，他们不时抢劫火车、绑架旅客。为此，铁路公司需补充大量保安，光这些人的工资每年就要10万余元，人力成本大增。

陈宜禧主持修建并经营新宁铁路，无疑触碰了某些人的"奶酪"，阻挡了某些利益集团的财路。从1926年开始，一场暴风雨向陈宜禧袭来。先是右派工会教唆火车司机罢工，破坏铁路的正常运作，后是有人利用报章散布"倒陈"谣言，攻击他"营私舞弊，侵吞公款"，诽谤他"非为干事人"，甚至血口喷人，称他"借我之血本，供其家肥屋润"，还叫嚣："苟非丧心病狂，谁不欲驱逐之！"广东省政府专门成立了整理委员会前来台山查账，却发现陈宜禧将其在美产业无偿献给了铁路公司，又将购买一切材料设备的佣金全部交公。尽管如此，整理委员会还是坚持接管铁路公司，罢免陈宜禧。

1929年6月25日，壮志未酬的陈宜禧在悲愤中撒手人寰，但他的丰功伟绩将永久留存。毕竟，公道自在人心。

台山陈宜禧纪念广场（何志达摄）

新宁铁路股份簿

民营铁路之光

自从清末中国开始修筑铁路以来，主办者不外乎洋人、政府、商家三类。其中民营铁路的建设与运营最为艰难，故成功的例子不多。相较之下，新宁铁路绝对是其中的佼佼者，其成就之大、水准之高，被称为中国民营铁路的丰碑并不为过。

20世纪初广东省有过三条民营铁路，位于粤中和粤东地区。它们分别是新宁铁路、潮汕铁路与汕樟轻便铁路。这三条铁路的长度分别是133公里、42.1公里和18.5公里。新宁铁路长度称冠。

新宁铁路完全采用中国人的投资，并无外国公司参股或提供贷款，这在中国民营铁路兴办历史中可谓一枝独秀，十分难得。

新宁铁路在整个勘测、设计、施工、运营过程中，百分之百由中国人负责各项工作，没有洋人参与。潮汕铁路是由日商三五公司承建的，总工程师系日本人佐藤谦之辅。汕樟轻便铁路的修建情况未见报道。

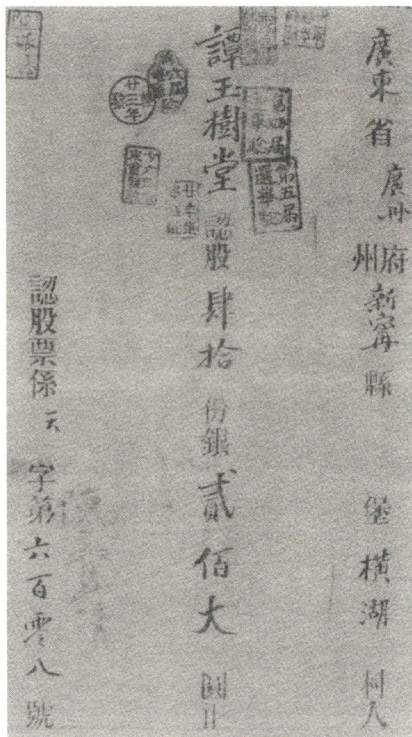

新宁铁路的火车渡轮正在通过宽阔的潭江

新宁铁路上行驶的机车及客车车厢

台山的地形地貌比潮汕地区更为复杂，需要穿越的山岭及通过的河流要多得多，因此新宁铁路路线设计的复杂性和工程实施的难度无疑都是很高的。全线共建桥梁215座、涵洞236个，作业量之大可想而知。

新宁铁路引进了不少先进技术。如在斗山车站建造了机车转盘，使火车头容易调头，且少占地方，使用此设施乃全国首创；为了让火车渡过约400米宽的潭江，新宁铁路采用了钢缆牵引的绞车渡轮，诚为中国铁路史上之创举。清廷农工商部大员对第一期工程所作查验报告称："水塔、车厂等设备都很理想，尤其是煤仓之建设与装卸火车用煤方法，不费人力，堪称先进；涵洞、管道、桥梁之架设，亦甚得法。"此评价不可谓不高矣。连美国的《西雅图星期日时报》亦报道："一条具有划时代意义的铁路正在广州西南兴建。它用中国人的资本、中国人的劳力和智慧。这就是新宁铁路。"

新宁铁路不仅方便了旅客，助力了经济发展，更提振了民族自信，弘扬了国威，其意义不可小觑。

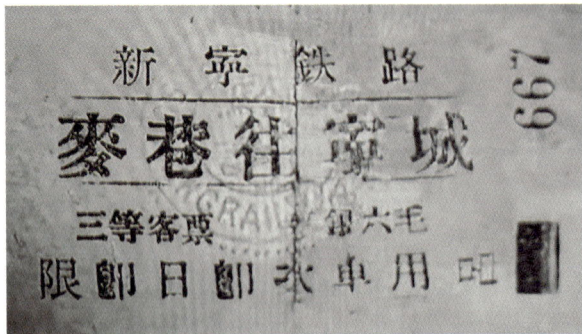

新宁铁路车票

新宁铁路施工中的技术人员

宁阳（新宁）铁路公司办公大楼

新宁铁路未完成的公益大铁桥

新宁铁路建成通车庆祝典礼现场

第四篇

洋楼毗邻炮楼

· · · · · · · · · · ·

19 世纪末中国门户被帝国主义列强打开以后，西式建筑在东部沿海城市不断涌现，有英式、法式、俄式、德式、西班牙式等，而在乡村，满眼洋楼的现象十分罕见，台山却是一个特例。

台山洋楼主要是旅居海外者返回唐山后在故乡自主建造的。他们觉得村子里的传统老房子不够美观舒适，于是把自己在侨居国看到、学到的建筑风格、建筑样式、建筑方法、建筑材料等带回故里，按照喜好自主设计，不拘一格，混搭创新。台山洋楼往往糅合了多国的艺术风格，业主会把喜好的建筑元素悉数加入，而不讲究遵循某一公认的建筑流派。

台山洋楼：
万国建筑元素博览会

有人把上海、天津等地的租界称作"万国建筑博览会"，这个比喻相当贴切。但如果放在台山洋楼身上就不合适了，必须在"建筑"后加上"元素"二字方能成立。

台山归侨就像心灵手巧的外科医生，他们建造洋房就像进行一台包括"器官移植""器官换位""器官改良""躯体重组""整形美容"在内的复杂大手术。希腊柱子、罗马穹隆顶、意大利拱券、阿拉伯尖拱、哥特式尖塔、巴洛克山花、洛可可门楣、地中海式百叶窗、包豪斯式线条、新古典主义三段式立面、文艺复兴式对称布局、现代主义装饰手法、南洋风格骑楼等，如拼图般各适其适，被彻底解构后重构，恰如儿童用各种积木构件砌出不同的模样来。

也许不够严谨，也许略显稚拙，或者被指无章，或者被称土气，但业主自己看着顺眼，住得舒服，心感安逸，夫复何求？

不能不提的是，在这万国建筑元素中，中国传统元素和台山乡土元素是最大亮点。岭南灰塑的装饰、大字匾额的点缀、琉璃瓦面的衬托、八角凉亭的设置等，都是充满民族风格、弘扬中华文化之举。台山传统村屋的"三间两廊"格局、中央天井设置等优点，在这些洋楼里得以继承，而楼层低矮、空间狭小等缺点，已被完全摒弃。

台山洋楼中不乏精品，如端芬的翁家楼、水步的兄弟楼、斗山的浮月村洋楼群等，无不气势非凡、美轮美奂。这些作品要么出自德国、美国等外国建筑师之手，要么就是由港澳等地的建筑师设计而成。不过这类洋楼建设成本较高，业主若非重金在手，是不敢走这条路的。

如果一味地依赖外部资源，台山绝无可能建成如此多洋楼。好在台山人杰地灵，有大批能干敢干的"泥水佬"（乡村建筑工匠）。他们也许读书不多，却有丰富的实践经验，而且学习热情高，模仿能力强，领会速度快。他们有样学样，不断改进，从挫折中吸取教训，虚心求教，日积月累之后，也就俨然成为大师傅了。比起假手外部资源，"泥水佬"取价低，而且做起事来条条框框少，更能放开手脚去创新。由于"三行"工匠队伍人多势众，包揽工程亦多，无形中在内部形成了相互比较、相互交流、相互对标、相互竞争的局面。工匠们自然得取长补短，提升自己，力争上游，取悦业主。正是有了这样一种氛围，台山洋楼才会在短短30年里有如雨后春笋般遍地冒头，而且越建越好。

大江镇公益圩仁泰酒庄旧址
（陈梦醒摄）

大江镇公益圩的两座老洋楼
（陈梦醒摄）

大江镇公益圩老街夜景（一）（陈梦醒摄）

大江镇公益圩老街夜景（二）（何志达摄）

大江镇老街（陈梦醒摄）

大江镇的一座老洋楼
（陈梦醒摄）

大江镇的一排老洋楼
（陈梦醒摄）

大江镇雷洁琼祖居
（何志达摄）

白沙镇朝阳里的一座老洋楼
（陈梦醒摄）

白沙镇墨林里全景（陈梦醒摄）

白沙镇墨林里局部（一）
（陈梦醒摄）

白沙镇墨林里局部（二）
（雷鸣夏摄）

白沙镇茶园村老洋楼
（陈梦醒摄）

白沙镇大昌商号旧址
（陈梦醒摄）

白沙镇龙安村全景（陈梦醒摄）

白沙镇长江村的一座中西合
璧老建筑（何志达摄）

白沙镇龚边村的一座古老大宅
（何志达摄）

白沙镇上朗村的一座西式祠堂
（何志达摄）

白沙镇上朗村棠庐
（何志达摄）

白沙镇伍超俊故居
（何志达摄）

白沙镇黄洁故居
（雷鸣夏摄）

水步镇双龙村兄弟楼
（何志达摄）

水步镇双龙村一座阳台很大的
老洋楼（陈梦醒摄）

水步镇双龙村老洋楼（陈梦醒摄）

水步镇冈宁圩老街
（何志达摄）

端芬镇三兄弟楼
（陈梦醒摄）

端芬镇翁家楼外观（陈梦醒摄）

端芬镇翁家楼内景
（雷鸣夏摄）

端芬镇上泽圩老洋楼
（陈梦醒摄）

端芬镇东宁里老洋楼
（何志达摄）

端芬镇汶秧村全景
（陈梦醒摄）

端芬镇汀江圩的一座柱廊式
建筑（雷鸣夏摄）

端芬镇汀江圩的一座阿拉伯
风格建筑（雷鸣夏摄）

四九镇五十圩老街
（陈梦醒摄）

四九镇五十圩的一座圆
拱形骑楼（陈梦醒摄）

四九镇五十圩有着特色阳台的
老洋楼（一）（陈梦醒摄）

四九镇五十圩有着特色阳台的
老洋楼（二）（何志达摄）

四九镇五十圩一排具有现代主义建筑风格的老洋楼（陈梦醒摄）

四九镇老洋楼（一）
（陈梦醒摄）

四九镇老洋楼（二）
（雷鸣夏摄）

四九镇上南村雄来楼
（何志达摄）

新昌镇老街
（陈梦醒摄）

新昌镇老洋楼
（何志达摄）

三合镇联安村一座有着很大阳台的老洋楼
（何志达摄）

三合镇联安村老洋楼
（陈梦醒摄）

三合镇三合圩一座带有美
丽弧线大阳台的老洋楼
（雷鸣夏摄）

斗山镇横江村壁联书室
（陈梦醒摄）

获海镇老街
（雷鸣夏摄）

获海镇的一排骑楼建筑（雷鸣夏摄）

获海镇的一排老洋楼（雷鸣夏摄）

荻海镇的一座希腊式建筑（民国时期曾为一家银行的办事处）（何志达摄）

台城城西的一座老建筑
（陈梦醒摄）

台城的一座老银行
（何志达摄）

台城老洋楼（何志达摄）

台山建筑的细部装饰精美
工巧、色彩斑斓，图中分别
展示了墙壁、天花、廊柱、
门楣及窗框的装饰细节
（雷鸣夏摄）

台山炮楼：
昔日碉堡，今日景观

台山最早的炮楼始建于清代同治七年（1868）。该楼位于端芬镇中间村，为四层砖土结构，青砖墙面，硬山式屋顶，整体外观为中式；但门窗是西式的，三楼墙角有向外凸出的"燕子窝"。到过拉丁美洲如古巴、巴西等国的人对此不会感到陌生，由此可推论建楼时有旅居南美的归侨参与设计。

炮楼其实并不能开炮，它只是一种防御性工事，只有一些楼眼用于对外射击。它依靠厚实的墙体与坚固的基础刀枪不入，甚至可以抵挡迫击炮的进攻。其建设材料从早期的泥土、砖木到后期大量使用石米外墙钢筋混凝土结构，牢固程度和抵御火力的能力不断增强，几乎达到固若金汤的程度。随着炮楼的层数及高度屡屡刷新纪录（最高纪录保持者福临楼共有 10 层，为全省之冠），其观察敌情的视野更佳，枪支射击可更为精准，射程亦能更远。

台山人建炮楼的初衷是防贼防匪，因台山大陆海岸线长约 293 公里，沿岸居民遭遇过倭寇等海盗的滋扰抢掠，而纵贯其境南北的古兜山与偏于西南一隅的大隆洞都曾是土匪的巢穴，民国时坊间就盛传着女匪首单眼英的故事。

广东省最高炮楼——台山市四九镇福临楼（陈梦醒摄）

仁立水边的福临楼（雷鸣夏摄）

匪众来袭时，村里会有专人用锣声报警，村民听到后就得马上躲进炮楼，门户紧闭，由壮丁通过枪眼进行反击。

台山炮楼在14年抗战中也发挥了很大作用，被用来阻击日本侵略者。1944年7月，四九镇上南村的抗日敢死队分驻七个炮楼，以20余挺机枪及200余支长短枪与敌人激战。敢死队队员集中火力，奋力御敌，日伪军数次进攻均不成功。日伪军尝试用迫击炮进攻，但炮楼依然耸立无恙。最后日伪军唯有从县城运来重型大炮，才将炮楼轰毁。敢死队队员适时撤出炮楼，已创下辉煌战绩，使日伪军死150余人、伤100余人，令敌人闻风丧胆。

台山炮楼在高峰期有两三千座，现留存者估计仍有上千座，登记在册者有626座。这些炮楼可分为三类：一是更楼，功能类似岗哨，一般位于村头村尾，由男丁执勤把守、监视敌情并及时发出警报，一般配备探照灯、报警器、锣鼓和枪支。二是众楼，由村民集资兴建，用作掩蔽防护之所，匪贼来犯之时可供村民入内避难。三是居楼，由单个家庭筹资兴建，兼具防御与居住两种功能，造型美观，布局舒适，生活设施一应俱全。平时用作居所，匪患出现时用作庇护所，并可抗击敌人。开平立园碉楼也属于此类。

到了今日太平盛世，台山炮楼已无用武之地，但它既是台山人的集体记忆，亦是田园风景中引人注目的亮点。利用炮楼开发文化旅游项目，意义深远，大有可为。

炮楼与洋楼比肩而立，构成了台山乡村一道独特的风景线。

四九镇秀挹炮楼（雷鸣夏摄）

四九镇上南村炮楼
（陈梦醒摄）

独一无二的水上炮楼——光耀楼耸立在白沙镇陈坑水库
（陈梦醒摄）

斗山镇浮月村炮楼
（何志达摄）

穹隆顶林立的三合镇联安村炮楼
（抗战飞虎队领航员叶松晃祖居）
（何志达摄）

台山炮楼的屋顶上常有建筑师的
神来之笔（陈梦醒摄）

冲蒌镇河洲村炮楼，群山怀抱，龙盘虎踞，气宇轩昂（陈梦醒摄）

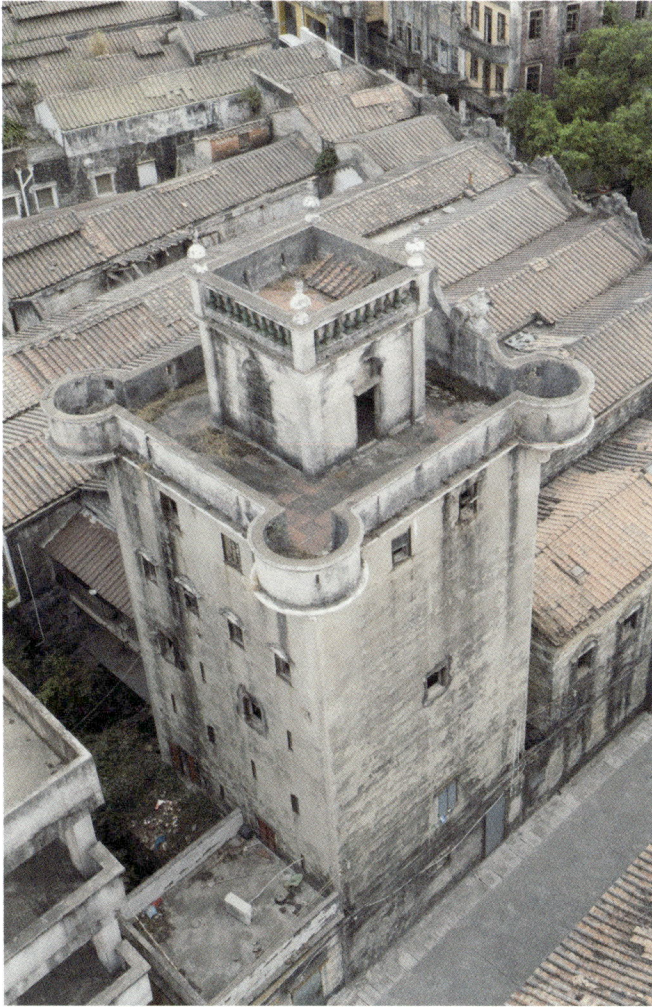

获海镇炮楼，四个边角上引人注目的"燕子窝"
带有浓浓的南欧风情（何志达摄）

台城火车站旁的一座炮楼入口，门楣精致美观
（何志达摄）

台山炮楼（一）（何志达摄）

台山炮楼（二）（何志达摄）

台山炮楼（三）（雷鸣夏摄）

台山炮楼（四）
（陈梦醒摄）

台山特色建筑：
奇雄壮美，精彩纷呈

"土洋并举、中西合璧、百花齐放"可谓是台山建筑风格的写照。20世纪前50年，台山的建筑已从简单的仿造，发展到拥有自主创意，再进化至融会贯通、精益求精。台山特色建筑与各处的精美建筑争艳斗丽、各美其美，有些杰作即使放在国内穗港澳甚至国外欧美加地区，亦能占有一席之地。

公共建筑

20世纪30年代落成的政府大厦，是台山自治的成果。它的兴建完全不依赖地方财政，而是由地方士绅与海外侨胞捐款促成的。它的体量与外观，远远胜过了当时国内其他县级政府办公大楼，与省市级政府办公大楼相比，亦不遑多让。这是一座高达八层（连钟塔与地下室算在内）的新古典主义宏伟建筑，两根醒目的伊奥尼亚柱巍然耸立，托起四楼与钟塔。圆柱的柱础立于正方体石基上，充分体现了中华传统文化中天圆地方的宇宙观。正门阶梯起点处的欧式灯柱、大厅的意大利水磨石地面、钟塔上的拜占庭式穹隆顶、门窗及外墙上的巴洛克装饰，无不显示出当时台山人对欧洲文艺复兴的热爱与向往，对新的制度文明、政治文明的渴望与追求。

正面

侧面

民国时期的台山县政府办公大楼

现在的台山市人民政府办公大楼（陈梦醒摄）

曾被周恩来总理誉为"校舍宏伟漂亮，可与集美中学媲美"的台山一中建筑群，是台山公共建筑的另一个优秀代表。曾任中华民国教育总长、北京大学校长的著名教育家蔡元培为该校题写校名，前国民政府主席林森亦曾为校内一座牌楼题匾。台山一中首任校长为曾任中国驻加拿大副总领事的赵宗坛。在筹建该校教学大楼阶段，李勉辰、黄笏南等社会贤达专程赴日本以及我国京沪、广东省内各处考察当地的名校建筑，"拟圆度方，总集众长"。经两度招标，五易建筑师，最终设计权落到了广州建筑师江宗汉手上。教学大楼建设期长达六年，可见这个项目是何等精雕细刻。教学大楼的希腊风格非常明显，雄伟的立柱，精美的浮雕，似乎带来了苏格拉底等圣哲先贤的沉思与雄辩精神。由加拿大乡亲捐建的图书馆大楼则红墙绿瓦、飞檐斗拱，古色古香；但同时它又是一座现代化的西式建筑。在省城的中山大学、岭南大学、培正中学校园里，这类典型的民国时期校舍建筑比比皆是。

1926 年的台山一中全景

蔡元培为台山一中题写的校名

台山一中图书馆
（何志达摄）

台山一中教学大楼（吴伟鹏摄）

　　说起台山的校舍建筑，大江镇公益圩的越华中学胥山堂不可不提。昔日从省城开往台山三埠的拖渡，进入县境水域后的第一个落客点就是公益。当客船徐徐驶近时，江边那座庄严大气、红墙绿瓦、中式大屋顶与西式塔楼相映成趣的大楼，时常让乘客们眼前一亮。尤其是没来过台山的乘客，会惊讶于这里竟是乡下。入内参观，则可见白色的拱券柱廊、精致的金色纹饰衬托着八边形大天井，气势非凡。这里曾用作日军投降的签字地点。

大江镇越华中学（陈梦醒摄）

　　台山在民国时期就有小学 700 余所，多为海外乡亲所捐建，他们在为本村建校时，总是希望尽善尽美，不让邻近村庄的学校专美。受这种好胜心驱使，当地的学校一所比一所漂亮。据说侨胞们为了让自己捐建的学校超越他人，在设计校舍建筑前会在侨居国四处考察，但凡看到心动的校舍，便用相机拍摄下来，然后集众所长，再加上自己的创意，反馈给建筑师。如白沙的凤山学校，圆山的昌蕃学校，水步的芦溪学校，三合的康和学校，端芬的庙边学校，台城的日新学校、光大学校、日昌小学、培英小学等，均有美轮美奂、可圈可点的校舍建筑，成为当地景观。

台城日新学校（现为李星衢纪念学校）（陈梦醒摄）

台城光大学校（现为民宿）（何志达摄）

台城仕登学校（现为廛溪学校）（陈梦醒摄）

水步镇芦溪学校（陈梦醒摄）

荻海镇风采中学（校舍为台山余氏宗祠）（陈梦醒摄）

端芬镇李壁学校（陈梦醒摄）

三合镇康和学校，红砖外墙尽显中西合璧风格（何志达摄）

白沙镇凤山学校，颇
具西洋建筑风格
（何志达摄）

冲蒌镇启育学校（启新书院）（何志达摄）

曾用作女子师范学校的大江镇公益圩教会建筑（现为幼儿园）（陈梦醒摄）

民国时期台山华侨捐建的部分学校旧貌

民国时期台山华侨捐建的部分学校现貌（陈梦醒摄）

太和医院大楼亦是一座漂亮的建筑。它采用了现代主义风格，以几何线条为主要装饰，给人以明快大方之感。中间的塔楼显得巍峨，向前凸出的大门口嵌入两根圆柱，与方形的整体建筑物相互映衬，搭配协调。二、三楼的窗户稍微凹进，增加了正立面的立体感，使其更有层次感，框内的线条也更为灵动。

民国时期台山设立的三所西医医院之一——太和医院现貌（陈梦醒摄）

民国时期台山设立的三所西医医院之一——县立医院第三院旧貌

民国时期台山设立的三所西医医院之一——圣心医院旧貌

　　已在 1995 年拆除的台城火车站也是一座别致的建筑。它矗立于台城的市中心，红砖外墙分外夺目，白色线条将门窗勾勒出来，精美纹饰则将两个楼层的窗户连成一体。正立面中部有出挑的高耸钟楼，分三段向上收束：第一、二段为方形柱体；第三段则是半圆形穹隆顶，总高度约为车站大楼的两倍，极为壮观。整座建筑带有浓厚的英国 19 世纪维多利亚风格，散发出独特的气度和张力。新宁铁路拆毁后该大楼用作长途汽车站超过半个世纪，它始终是台山人民心中的骄傲。

商业建筑

20 世纪上半叶的大多数年份，台山经济蓬勃发展，侨汇收入充足，消费能力不断增强，促使当地百业兴旺，此时对于商业建筑需求之殷、要求之高，则是水涨船高之事。

台城早在 20 世纪 20 年代即率先进行商业区的规划和建设，规定马路宽 7.5 米至 15 米，两边骑楼各宽 3.3 米，楼层需建至两层以上。这些骑楼街的房子非常适合用作铺面，楼下做买卖，楼上可作仓库或者住宅。有了骑楼的遮挡，敞开式的门面不惧风吹雨淋，顾客购物则晴雨无阻，可全天候进行。此外，街道布局得当，四通八达，货物运输极为便捷。经改造的台城西宁市，引来商家建成了 600 余间铺面。

随着商业区的兴建，各种风格的新型商业建筑拔地而起，而且规模越来越大，华丽程度越来越高。这也是商家要把生意做大的表现，雄伟而美观的建筑为商业发展加分不少。

道全酒楼与谯喜酒家大楼就是体量甚大、外观雅致、独具特色的建筑杰作。道全酒楼在宏观造型上更为突出，高大挺拔的四层楼房气势恢宏，竖直的粗线条使外立面肌理结实、气场十足，第四层上的中式阁楼圆润通透，有如一顶高贵的皇冠，其上八角形攒尖顶则似皇冠上的宝石，为大楼锦上添花。谯喜酒家（现为东风旅社）则在细节上更擅胜场，它的 90 度弧形外立面给人一种流畅的韵律感，几乎落地的满洲窗带来了光影与色彩的交响共鸣，窗户两边的圆柱如守护神一般巍然屹立，使外墙秀美浮雕的阴柔有了阳刚的比对物，一张一弛，互相呼应，矛盾统一。

民国时期的道全酒楼

民国时期的谦喜酒家

东风旅社内景（一）
（雷鸣夏摄）

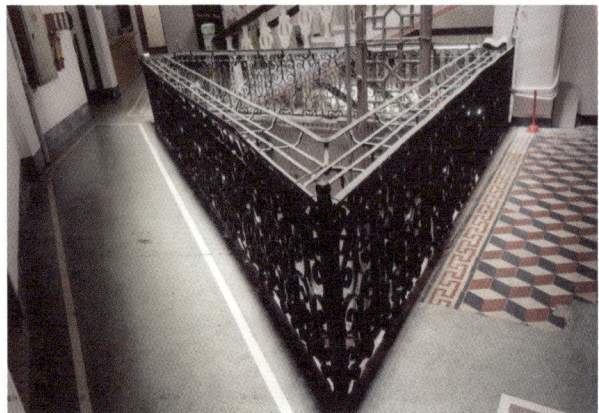

东风旅社内景（二）
（陈梦醒摄）

东风旅社外观
（陈梦醒摄）

台西路的中国银行大楼是商业建筑的又一个好范本。它的浅弧形外立面呈典型的三段式布局，分别是底层的骑楼，二至四层的楼面，顶层的山花和女儿墙。楼面的长条形窗户每三个或五个自成一组，组与组之间有竖直留白，其宽度正好与底层骑楼的方柱一致，构成了一种和谐的格调。只要仔细观看，不难看出该大楼的窗户设计和广州的爱群大厦如出一辙。这两座大楼均为台山人所建造，均在 1936 年完工。这座建筑总体上是现代主义风格，不过山花和女儿墙又为它增添了一些装饰主义的特质，与当时国际上发达国家的建筑艺术潮流吻合。

西门圩的联华戏院也是一座十分耐看的建筑。它的身上烙有深深的德国包豪斯建筑风格印记。三层大楼除少量窗户外纯为单色外墙，墙上有平实的石灰批荡，涂在灰浆面上。大楼由底层骑楼走廊方柱承托，没有过多的线条和其他装饰，简约明快。大楼顶部对应戏院入口处有一尖塔形设计，以深色线条勾画出来，诚为神来之笔，是简洁之中的适当点缀，恰到好处，不会喧宾夺主。

民国时期的中国银行大楼

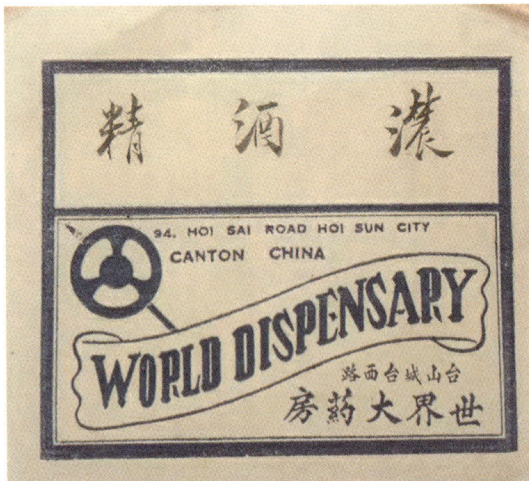

民国时期的台山商业广告两则

台西路、通济路等繁华商业街两边的商铺、楼宇整齐平直，却各有不同。它们的共性在于：层数一律为三，底层一律设骑楼走廊，顶层一律有山花装饰。它们的个性则表现为：骑楼的柱式不同，二、三层的阳台或柱廊形状各异，顶层的山花图案多样。若与广州上下九路、第十甫路、北京路、大南路等骑楼商业街作比较，则可发现台山的骑楼装饰性更强一些，风格变化更丰富一些。这可能与业主的海外生活阅历及建设资金投入有关。台西路的其中一个亮点是建有商厦之间的连廊天桥，这在当时可算是相当前卫的城建理念，其时在穗港澳都未曾出现。

台城的商务写字楼亦早已有之。光兴公司大楼就是其中的佼佼者。该大楼外观宏伟，琉璃瓦的庑殿顶，一、二楼雅致的飘檐，正立面中央出挑的门廊及阳台，展现了这座楼卓尔不凡的气度、中西一体的特点。宁阳铁路公司大楼是另一个有趣的作品。它与光兴公司大楼风格迥异，给人的总体印象是体态轻盈、开放灵动。它出挑的二、三层被金属细柱构筑的露台包围，显得通透生动、飘逸活泼。它的所有门窗均有半月形门楣、窗楣，远望有如滚滚波浪，蔚为奇观。

台城主要街道的商铺建筑

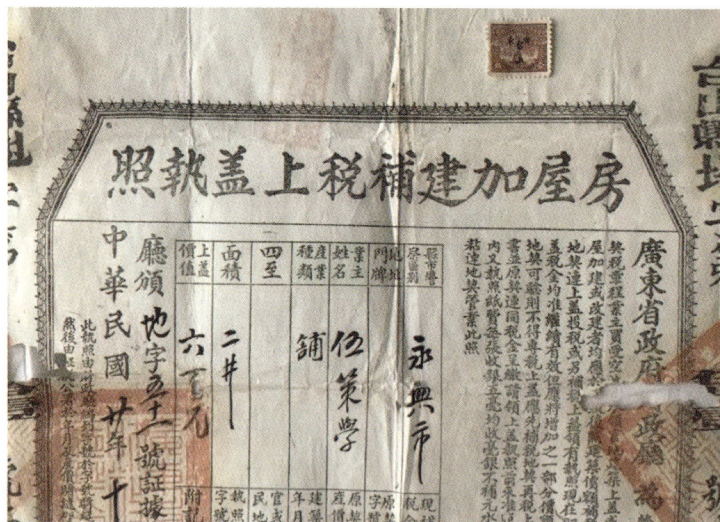

民国时期台山商铺的房屋加建补税上盖执照

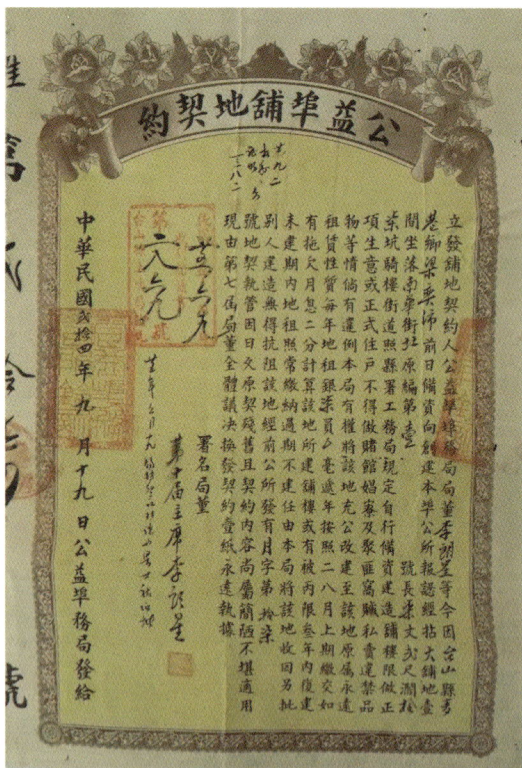

民国时期的台山公益埠铺地契约

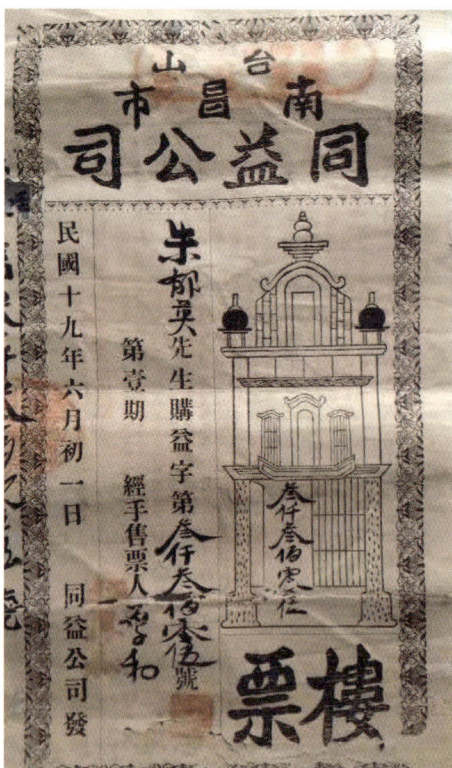

民国时期台山人购买商铺分期付款的楼票

除了县城的精巧建筑，乡村的圩场建筑亦不可不提。它是参照欧美地区的集市广场发展起来的商业交易场所，是由现代化的骑楼商铺及其四周空地（广场）组成的立体集市空间。上泽圩、公益圩、五十圩、汀江圩是其中的优秀代表。上泽圩以建筑物的奇特瑰丽令人印象深刻：一座三层的纯西式大楼天台上，居然有一座两层的中式大屋顶建筑，配有女儿墙以及镂空的山花，使之巨中有细、大中有巧。这种出人意料的中西合璧形式非常大胆，却又天衣无缝，不觉突兀。另外数座建筑建有牌坊式的山花，高挑清秀，线条多变，各种几何图形运用得当，尤以高高耸立的螺纹柱及尖拱形的透视门最为出彩。公益圩骑楼的连续圆拱形设计亦令人印象深刻。五十圩的布局多变，略呈不规则形态。此处的建筑物风格多种多样，从砖木结构到石米结构，从石灰批荡到石米批荡，从青砖铺面到红砖铺面，从一两层到三四层，各自精彩。有一栋新古典主义风格的房子与一栋包豪斯风格的房子尤其引人注目，表现出业主对西方建筑风格的广泛包容。汀江圩的布局最大气，口字形的骑楼建筑群整齐划一，绕绊中间的市场。虽不见特别宏大的巨型建筑，但许多小巧别致的房屋亦可圈可点。设计者在局部装饰上下足功夫，将巴洛克、洛可可等风格的各种雕饰巧布其上，使美感发挥到极致，这里因此成为某些商业大片的取景现场。

山花处处开

台山的建筑，不论是民居、校舍、商铺，还是各种公共房屋，似乎都十分在意立面顶端的山花（又称山墙或破风），常费尽心思设计得尽善尽美、与众不同。我们猜测出于以下两个理由：

其一，山花是房屋立面最能"扮靓"也最能增添艺术气息的部位。它主要是起装饰美化的作用。台山人从海外返回唐山，但凡积攒了一些钱的，大多会怀着一种衣锦还乡的心情，而且往往会有一种炫富显摆的心态，而建造华丽的房屋就最能满足这种自豪感和虚荣心了。为达到此目的，就需要在山花上大做文章。

其二，旧时台山（尤其是乡村地区）没有完善的门牌号码系统，当邮差送信或者亲友来访时，免不了要先认房子。一般而论，多数房屋的外表大同小异，山花却可以千变万化、标新立异。这是一种更为实际的需求，即使不想炫耀，也要别出心裁。这时，山花就等于门牌，必须力求容易辨认，绝不雷同。

由于侨胞们旅居于不同的国家和地区，地理及文化跨度很大，所以他们所熟悉、习惯、喜爱的山花风格也就不尽相同。他们会引入各种山花样式，如欧美、南洋各处的山花，再加上一些自创元素，烙下个人风格的印记。总体而言，山花风格更多的是文艺复兴时期、巴洛克时期、英国维多利亚时期以及美国工艺美术运动时期的特色。三角形山花最为常见，弧形山花亦不在少数，断开式及天鹅颈式亦有出现。当然，这只是基本造型，其上还会添加卷心状、旋涡状、花叶状、禾穗状等纹路，以及各种动植物乃至人物的浮雕，甚至会有地球星月、飞机轮船等现代元素的图案。圆柱、圆球、宝瓶、盾牌的加入亦相当普遍。浮雕有采用西洋石刻的，也有沿用岭南传统灰塑的，呈现出不同的美感和质感。总之，混搭的情形多于单一的选择，这种土洋并举的创作会在土气与洋气之间找到平衡点，有些更外向些，有些则更内敛些。

台城、公益、海口、荻海、新昌（后两者 1952 年以前属于台山）等各处城镇均可找到山花"盛放"美不胜收的场景。

台山老洋楼山花（一）
（何志达摄）

台山老洋楼山花（二）（雷鸣夏摄）

台山老洋楼山花（三）

（雷鸣夏摄）

台山宗教建筑：
历尽沧桑，旧貌新颜

台山南临太平洋，与海外的联系自然不少。故洋教东传，台山往往由于地理位置之便，享受了"优先权"。

6世纪（具体为502年，即南朝梁武帝天监元年）时，即有印度佛僧智药三藏循海路抵达台山，在广海镇登陆，在灵湖畔建舍筑庵，又亲手种下一棵菩提树。虽未见详细记载，但我们推测智药三藏可能先在此弘扬佛法，然后才前往省城光孝寺与曲江南华寺。到了13世纪（具体为1207年，即宋朝开禧三年）时，智药三藏留下的永庵被改建，取名灵湖寺，寓意水不在深，有龙则灵。不过美好的愿望有时也敌不过残酷的现实。灵湖寺于宋朝末年被毁，直至13世纪末（具体为1288年，即元朝至元二十五年）始得重建；到了19世纪中叶（具体为1863年，即清朝同治二年）再次被毁，直至19世纪末（具体为1885年，即清朝光绪十一年）才又获重修；进入20世纪，1937年，寺墙受到破坏，寺内神像及宝藏被劫，1949年后，仅由继慈法师一人勉力维持，其圆寂后，该寺被改作其他用途；到了21世纪（具体为2006年），由仁伟法师启动修建工程。

灵湖寺原为二进四合院，现仅剩下前面一进，为砖木结构建筑，后座大雄宝殿及山门为新建。大殿轩敞，雄姿英挺。庑殿顶上黄色琉璃瓦闪闪发光，朱红色大圆柱威武凛然，展现一派庄严正大的气象。

台城石花山风景区亦有一佛门圣地，名曰西严寺。它建于17世纪上半叶（具体为1639年，即明朝崇祯十二年），已有近400年历史，堪称古刹了。西严寺原来坐落在台城西郊西门圩，因20世纪20年代刘栽甫县长实施市区改造计划，遂被移至石花山的山麓重建。寺高两层，白墙红柱，琉璃瓦面，香火鼎盛，蔚为大观。

台山历史悠久的佛教圣地——灵湖寺（何志达摄）

天主教传入台山始于耶稣会传教士圣方济各·沙勿略之到来。他搭乘葡萄牙商船从日本抵达我国上川岛，在此生活了四个多月。后来澳门的葡国天主教徒为了纪念沙勿略，特来上川岛修筑了一座教堂。此教堂现仍保存完好。这是一座小巧玲珑的哥特式建筑，正立面中央为攒尖顶、四层高的钟楼，两根方柱拱卫着中间的尖拱形窗户与透视门，二层正面则镶嵌着一个大圆圈。拉丁十字在尖顶上高高耸立。圣堂内除了肥梁胖柱外，尖拱形的高大窗户尤为引人注目，其上的彩色玻璃将阳光染成七色投射进来，在地板上形成美丽的颜色拼盘，增添了堂内的圣洁感。

天主教在 19 世纪初逐渐传入台山各地，分别有法国巴黎外方传教会及美国玛丽诺外方传教会人员进入，先后在台城、赤溪、白沙、海宴等地设立教堂15 间（主堂 4 间、分堂 11 间）。台城桔园路四十四号有一座天主教堂，名为耶稣圣心堂。该教堂有近百年历史，于 1926 年由美籍华人传教士邝修卫等人捐资兴建。圣心堂共两层，屋顶为人字坡瓦面，门窗均为拱券式，入门需拾级而上，给人一种肃穆庄严、沉稳厚重的感觉；平面是拉丁十字形，与围墙门口竖立的十字架彼此呼应。

哥特式建筑风格的天主礼拜堂
（何志达摄）

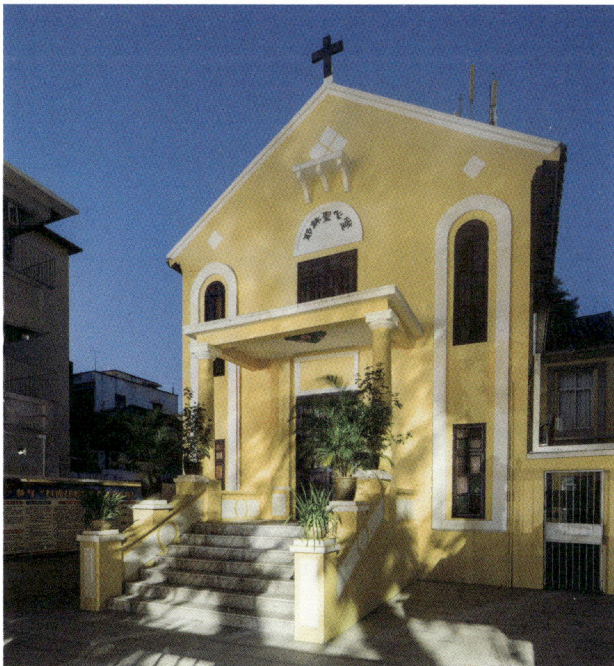

修葺一新的耶稣圣心主堂
（何志达摄）

台山的基督新教与天主教不同，不是由外国传教士首先引入，而是由旅美华侨赵哲、苗九夫人等人于19世纪末率先回到台山成立教会，建起会堂，稍后才有美、英等国差会派人来台山传道。在中华人民共和国成立前，台山有八个基督教支派（长老会、公理会、浸信会、循道会、安息日会、美以美会、友爱浸礼会及基督徒聚会处），在全县各地共建礼拜堂43间。

台山各处的礼拜堂多姿多彩，建筑形式不拘一格。礼拜堂体量最大者为台城堂和公益堂，据说这两堂是以同一幅图纸为依据建设的。二者均为哥特式建筑，水洗红砖铺面，两座高耸的攒尖顶塔楼位列两旁，中间是人字坡屋顶大楼。白色线条或粗或细，组成直线、圆弧、圆形、三角形等几何图形，使红色立面增添了灵气，顿时生动起来。有88年历史的上泽堂有拜占庭穹隆顶的钟楼，有尖拱形的窗户和圆拱形的透视门，别具一格。有97年历史的海口堂以希腊式圆柱与方柱交替使用、连续弧形的女儿墙、四角形攒尖顶以及宝瓶装饰为显著特点。有88年历史的端芬堂则有令人印象深刻的山花，它呈不规则三角形，上饰浮雕图案，其上竖有一个醒目的十字架。有逾百年历史的斗山堂的钟楼设计非常独特，带有许多中国传统建筑元素的样式。它有两层：下层为圆形的凉亭式建筑，灵巧通透；上层为攒尖瓦顶的方形塔，四面均开圆窗。两层的立面在圣堂平面错开处形成夹角，颇为活泼有趣。

除了基督教的建筑物外，本土民间信仰的建筑物在台山亦有两处：其一为台城茂林村船山之凌云塔。该塔有逾400年历史，高48米，外七层而内九层，属于阁楼式砖塔，层层收束，每层均有砖檐出挑。民间流传此为神塔，是能为台城带来福祉的守护塔。其二为汶树镇东门的三圣堂。该堂建于800余年前，为三进深的大型庙宇。它供奉着榕树大圣、八手老爷和北帝，既属于万物有灵的自然崇拜，亦与我国传统道教有关。

台山第二大基督教堂——公益礼拜堂
（何志达摄）

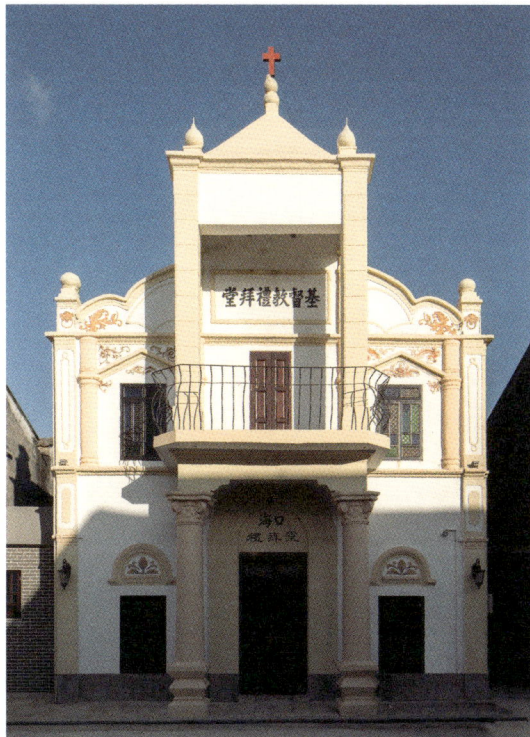

修葺一新的海口礼拜堂
（何志达摄）

台山部分较有特色的礼拜堂（一）（陈梦醒摄）

台山部分较有特色的礼拜堂（二）（何志达摄）

第五篇

邑人成为名人

· · · · · · · · · · ·

我泱泱中华，历史悠久，底蕴深厚，人杰地灵，人才辈出。在这方面，台山于全国各县中脱颖而出，被视作其中的佼佼者。

台山虽远离中土，却有别样的地理优势。它靠山面海，集百川细流，纳外洋新风，兼收并蓄，为己所用。数百年来，当地多元文化的各种成分不断融会贯通，分解化合，去粗存精，终于酿就自成一格的地方传统。台山作为侨乡所形成的局域亚文化，陶冶、哺育、成就了一代又一代乡亲，其中的出类拔萃者，在本土甚至全国、海外大展拳脚，发光发热，名扬天下。

本篇搜集了部分海内外台山精英的事迹，分门别类加以介绍，希冀他们能被更多人知晓；更愿当代的台山乡亲向他们看齐，将家乡建设得更好；尤望成长中的台山青少年从前辈身上吸取养分，进一步充实自己，努力成为新时代人才，建功立业，以告慰曾经披荆斩棘、筚路蓝缕，自强不息、百折不挠的家乡先贤！

革命先驱
人民公仆

19世纪末至20世纪初，孙中山曾行走于世界各地，在华侨中宣传反清革命。台山华侨众多，散布地域广阔，受到孙中山革命思想影响者自然不计其数，毅然追随、亲身参与革命斗争者亦不在少数。

1894年，孙中山在夏威夷檀香山创立兴中会，首任会长便是台山华侨刘祥；作为骨干会员的台山人有日本华侨李自重、温丙臣，缅甸华侨曹迪儒，越南华侨黄隆生等。孙中山曾言"华侨为革命之母"，诚哉斯言！

马湘

马超俊

李希龄

1904 年，孙中山抵达美国旧金山，不幸被美方拘禁于天使岛上。在危急情形下奋力营救孙中山并助其重获自由的正是台山人黄三德、伍盘照、伍于衍。

1905 年，同盟会成立，大批台山人积极入会。1909 年加入该会的马湘毕生追随孙中山，曾两次粉碎暗杀孙中山的行动，又在陈炯明叛变时成功护卫宋庆龄从广州粤秀楼脱险。

台山人马超俊先后参加了镇南关起义、黄花岗起义以及武昌起义，担任海外华侨敢死队总队长，忘我血战。黄三德为起义捐款 40 万美元，黄隆生捐献了大批枪支弹药运往前线。纽约侨领李希龄发动侨团共筹款 7.5 万美元，用于支持 1911 年爆发的辛亥革命。台山人伍汉持系反清志士，曾发动惠州起义，冒死奋战。他在北洋政府时期当选国会议员，因反对袁世凯种种倒行逆施行为，提出对袁世凯的弹劾案，惨遭其杀害。

在新民主主义革命中，不少台山志士在海外接触到马克思主义学说，随即投身革命斗争。台山人李嘉人、李之杨、谭树棠、黄明慧等都是在负笈东瀛过程中学习了革命理论。李嘉人、李之杨、谭树棠三人在 20 世纪 30 年代加入了中国共产党，长期从事地下工作及参与武装斗争。中华人民共和国成立后，李嘉人曾任广东省副省长，李之杨曾任国务院高等教育部司长，谭树棠曾为首任台城镇镇长，黄明慧则是最早在中国大学里讲授《资本论》的教授之一。

台山人李资平为解放军少将，于 20 世纪 20 年代参加了省港大罢工及北伐战争，30 年代参加红军并加入中国共产党，在中华人民共和国成立后任海军卫生部部长。在 20 年代同样投身革命的还有林棠，先是任美共中央中国局委员，1949 年奉调回国后任中联部副局长，还曾是毛泽东、周恩来的英语翻译员。

伍汉持

位于广州的伍汉持烈士墓

　　曾任新疆生产建设兵团副司令员的甄子明、曾任广东省公安厅副厅长的李筱峰，都是 20 世纪 30 年代参加革命工作并加入中国共产党的台山人。

　　除了上文提及的李嘉人，台山还出了两位省级领导人——黄洁、雷于蓝，都曾任广东省副省长。台山人李修宏曾任广东省高等教育局局长，为本省高教事业的发展作出了贡献。

抗日将领
救亡志士

　　日本侵华，全民抗敌，浴血奋战，可歌可泣。台山人亦不例外，他们或披甲上阵，驰骋沙场；或开展救亡，保卫后方；或倾囊捐献，支援前线。

　　我们应永远铭记那些为国捐躯的台山抗日烈士。

一五一师少将师长余子武先是率部参加了淞沪会战及南京保卫战，立下功勋；后在衡阳会战中于狮子岭一带歼敌 600 余人。日军疯狂报复，偷袭余子武所在的师指挥所，其纵马冲向敌阵，率特务连与来犯日军决一死战，惜寡不敌众，左胸被射中三枪，血流如注，最终以身殉国。

1932 年，日军在上海发动"一·二八"事变，广东子弟兵十九路军奋力抗击敌人。青年才俊李荣熙乃留日海归，时任某营营长。他英勇无畏，身先士卒，冲锋在前，率部与日军正面搏杀，刺刀见红也不言后退，誓死保卫蕴藻浜阵地。李荣熙勇敢战斗至生命最后一刻，把忠骨留在了上海抗日前线。

旅居加拿大的华侨青年黄鸿瓒在航空学校毕业后便立即回国参加抗日，保卫祖国领空。他被任命为昆明航空第十七厂厂长，奉命赴美将新型战机运送回国。然而在飞行途中，黄鸿瓒的飞机与日军战机在空中相遇，发生了空战，最终其飞机不幸中弹，机毁人亡，光荣牺牲。

同为华侨飞行员的黄毓全，在淞沪空战中奋勇迎敌，哪料他所驾战机先前在空战中受损，虽经修理但仍不幸发生故障，导致追踪敌机时不但爬升不成功，反而急剧下坠，触地爆炸。黄毓全以 28 岁英年长眠于祖国大地，壮烈舍身。"出师未捷身先死，长使英雄泪满襟。"今日思之，仍令人扼腕。

余子武

抗战期间回国加入空军对日作战的几位台山籍华侨飞行员

台城石花山飞虎队纪念亭牌楼（陈梦醒摄）

台城石花山飞虎队纪念亭（陈梦醒摄）

美国空军援华志愿队（即飞虎队）中有不少台山人，其中不乏立下赫赫战功者。

陈端钿曾驾机参加武汉空战及杭州空战，击落六架敌机。后在昆仑关空战中，陈端钿的飞机不幸中弹，他带火跳伞，导致身体大面积烧伤。经治疗出院后，他又马上投入战斗。

著名的驼峰航线试飞任务，是由陈文宽完成的。当时的飞机性能并不完美，要超越7 600米高度，有着极大风险，没有超人胆识及过硬技术者不敢领命。

马俭进曾奉命驾驶运输机将九名美国盟军人员从缅甸送往我国昆明，谁知途中遭遇日机袭击，燃油耗尽之后需进行迫降。这次迫降难度极大，幸而马俭进技术高超、胆量过人，最终飞机平安着陆，所运送九人中仅一人轻伤，他本人却双臂骨折，终身残疾。

在整个抗战过程中，中国空军飞行员队伍中台山人所占比例甚高。这得益于美、加华侨青年积极学习飞行，决意航空救国。

在抗日正面战场抗敌立功的台山将领还有六十二军中将军长林伟俦，七十四军中将副军长余程万，十四军参谋长梁岱，一五二师少将师长雷秀民、少将副师长伍少武，一〇九师少将师长朱岳，等等。

在后方开展救亡工作的台山人士亦功不可没。文化人黄宁婴、紫风、林焕平、伍孟男、于逢等在上海、桂林等地长期从事抗日救亡宣传工作，用文艺武器发动群众，打击敌人。雷励琼则与吴菊芳（时任广东省政府主席李汉魂的夫人）一起在粤北韶关一带开展救助战争难童的工作，开办儿童教养院，挽救了数以千计孤儿的生命，为国家保存了抗战的有生力量。

抗战需要大量军费及物资，台山华侨深明此理，于是纷纷慷慨解囊，无私捐献。侨领阮本万一人就捐出 30 万美元，邝炳舜和梅友卓各捐 10 万美元。有纽约"唐人街市长"美誉的侨领麦德带领协胜堂成员向侨界募得 100 万美元，悉数汇回祖国协助抗战。梅友卓还在芝加哥成立华侨抗日救国后援会，共为祖国提供了数百万美元军费。抗战期间，美洲华侨捐款近 7 000 万美元，还捐献了 100 辆汽车和大量枪械、药品。

雷励琼
（雷鸣夏供图）

麦德

工商业者
建设先锋

　　台山人素来爱国爱乡，许多人在国外看到、学到西方先进科技文化，总想把它们带回唐山；他们亦擅于吸收海外新鲜事物，并让它们在家乡落地生根。

　　百余年来，台山人在家乡、省城、港澳乃至上海、东北、台湾积极参与各项建设，发展当地经济；而其投资方向，往往是有利国计民生的新兴事业。

　　台山人对我国交通事业的发展有相当的贡献。除了上文提及的新宁铁路外，在 20 世纪初，雷亮创办了香港九龙巴士公司，李煜堂、李自重、陈少白等斥资 90 万港币创办了香港四邑轮船有限公司。除了海陆交通

雷亮

李煜堂

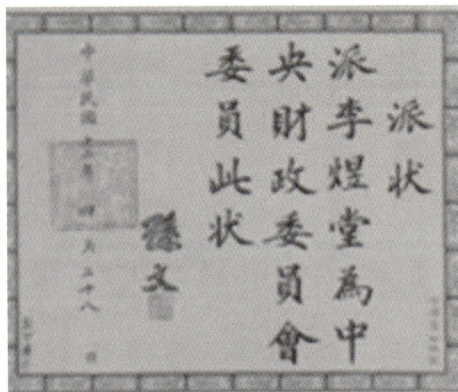

孙中山给李煜堂的委任状

外，台山人对我国航空事业的发展亦有所作为。黄光锐不仅是驾机环中国飞行第二人，还是中国航空工业的开拓者，在航空研究所所长任上主持制造了我国第一架国产战斗机；陈文宽在台湾创办了福新航空公司，曾任中国空运公司副总经理；陈卓林曾任中央航空公司总经理，并领导了"两航起义"。

台山人对经营电影院情有独钟，黄栽华、吴瑞龙等在广州开办了中华戏院、中国戏院、中山戏院、中兴戏院等近10间戏院，其中中华戏院后来易名为西濠，并且成为广州市第一间宽银幕立体电影院。朱荫桥、朱家藩于20世纪30年代在广州建成了金声电影院，这是当时全市设备最先进、座位数量最多、观影环境最舒适的超级大影院。

台山人投资金融业也颇有热情。李煜堂在香港经营广东银行，又创办了联泰、联保两家保险公司；李星衢与伍耀廷亦在香港创办了康年储蓄银行与康年人寿保险公司，在广州设立了分公司；陈卓平创办了爱群人寿保险公司；李勉辰则把中国信托公司开到了上海。

陈少白

黄光锐

陈卓林

台山人兴办实业也毫不逊色。黄秉常、李荣邦于1890年投资40万美元建立了广州第一间电灯公司；五年后，黄莆田投资3万银圆建立了橘香制药厂，所产甘和茶、甘露茶曾畅销我国华南地区，还出口南洋、美国及加拿大。到了20世纪，台山人投资设厂的热情有增无减，陆续投产的工厂有：黄文晋的广州木材厂，谭思隆的广州纺织厂，伍泽民的通用油墨油漆厂，陈宜禧的兴亚火柴厂，余觉之、余乾甫的江门造纸厂（华南三大造纸厂之一），余乾甫的江门枧厂，等等。

值得一提的还有香港"酒店大王"陈泽富及"酒楼大王"雷登，前者拥有柏宁酒店、国宾酒店以及若干家海外酒店，后者拥有近10家粤菜酒楼。还有曾为广州百货行业涂上浓重一笔的台山人朱英南，他在20世纪40年代开办的美华百货公司装修豪华，经营手法先进，风头之盛，一时无两。

房地产业也有台山人的不少贡献。邝其照、邝横石等建设的广州聚龙村，梅彩洒等在广州东山的置业开发，伍时灈在广州米市路、海珠路一带兴建的洋楼群，陈卓平主持建造的广州爱群大厦（曾为华南第一高楼），均可圈可点。

还有一位为大家所熟悉的台山籍药商——黄道益，他被誉为"香港活络油之父"。

香港美心集团创始人伍舜德及其女儿伍淑清亦是台山人。伍舜德在改革开放后带头投资内地，创办北京航空配餐公司，成为一时佳话。

余乾甫

邝其照

黄道益及其活络油产品

科学翘楚
技术精英

台山人普遍重视教育，发愤读书，前往发达国家留学深造蔚然成风。不少人学业有成，在专精领域出人头地，稳执牛耳。他们有的留在侨居地继续发展，更多的则是返回唐山，报效祖国。

朱经武是世界级超导物理学泰斗，他带领研究小组成功发现了93K（-180℃）新型超导材料，开创了高温超导研究与应用的新纪元，入选了"20世纪在汽电方面最具影响力的100人"。他还当选了中国、美国、俄罗斯的科学院或工程院院士，曾任香港科技大学校长，培育英才，授业传道。

伍连德是国际知名热带病学专家。他是英国剑桥大学博士，又曾在德、法两国从事科学研究。20世纪初，我国东北地区出现鼠疫大流行，形势一度极为严峻。伍连德义无反顾地回到祖国，奋不顾身地在东北地区指导防疫工作。他发明了一种口罩，又采取了若干有效措施，几经努力，终于帮助东北地区在四个月内将鼠疫完全扑灭。他还创建了中华医学会，并担任首任会长。伍连德被视为中国公共卫生事业及中国现代医学的奠基人。

朱经武

伍连德

陈耀真在美国波士顿大学获得医学博士学位后前往霍普金斯大学眼科研究所从事研究工作，其间发表了大量有分量的论文，在世界医学界广受好评。陈耀真回国后主持编写了中国首部眼科专业论著——《眼科学》，又在中山医学院创建了眼科医院。1986年，国际视觉及眼科会议授予他"特殊贡献奖"。

雷炳林年轻时赴美国费城攻读纺织工程，回国后任教于南通纺织学校，培育出中国第一代纺织工程师。后来，雷炳林转任上海永安纱厂总工程师，发明了粗纺机双喇叭喂入装置和精纺机弹簧销皮圈式大牵伸机构，在国内外均获得专利，并当选英国皇家学会会员。中华人民共和国成立后，他出任中国纺织学会副会长。雷炳林被誉为中国现代纺织工程学之父。

先后当选我国两院院士的台山人士有：林为干（加州大学物理学博士）、黄翠芬（康奈尔大学博士，微生物流行病学家）、余国琮（密歇根大学博士，不稳态蒸馏理论专家）、姜中宏（光学材料专家）、李绍英（加州大学研究员，白内障病理专家）、蔡瑞贤（工程热物理学家）。

留在海外打拼的台山人士有：李磐石，加州大学建筑工程博士，在第二次世界大战中受聘为美国陆军部工程顾问，获美国国家勋章。他曾捐资35万美元帮助台山建设电视大学。谢华真，美国哈佛大学医学博士，加拿大哥伦比亚大学医学院教授。他关心中国医疗事业，主动出任广州市儿童医院名誉院长，捐赠大批医疗设备，又组织海外专家来穗讲学，并出资安排本地医生赴海外进修。梅英伟，国际知名核物理学家，麻省理工学院博士，纽约大学终身教授，曾获"世界领先科学家"称号。

陈耀真

雷炳林

杏坛园丁
学校良师

热心办学，尊师重教，是台山人一以贯之的传统。在家乡是这样，到了海外亦是如此。古人将"得天下英才而育之"列为人生第三大乐事，台山人既服膺之，更践行之。

台山人始终把发展全球华文教育、弘扬灿烂中华文化视为己任。著名教育家黄树芬与同仁合作创办了新加坡南洋大学，还曾出任南洋地区数间华文中学的董事长或校董。在越南西贡（现胡志明市），有知名药商伍子华出任堤岸中华中学校长。在加拿大创办中文学校或出任校长的台山人有李扬光、黄介石、黄芴南、李期灿、朱硕全、朱佐民等。在美国，有邝琴南、黄芸苏、黄起伍等华侨子弟学校的创办者或管理者。同样从事华文教育的，还有在古巴的朱家兆、李荣兆，在澳大利亚的梅光达。

黄树芬参与创建的新加坡南洋大学

伍子华（前排右二）全家福（摄于 20 世纪 60 年代）

李佩珍

邝文炽

雷鸣春

邝秉仁
（雷鸣夏供图）

　　台山人办教育的热情，还体现在开设各种职业学校，教给学生实际技能，为经济发展培养实用人才。革命先烈伍汉持的夫人李佩珍在广州创办了图强产科学校，使早年的妇女得到了更多受教育的机会；黄栽华在台山开办了职业学校，培养各种专业技术人才3 000余人；谭云峰创立了存真高级会计科职业学校，教学质量有口皆碑；黄能沛、梅吉新、谭光中、朱光存分别在美国芝加哥、波特兰、旧金山及纽约开办了航空学校；雷炬常在旧金山创办了华埠西厨学校，培养厨师约2 000人，为安东尼·克列米奖得主中的第二位华人。邝文炽自20世纪40年代起分别在香港及台山创办了东南无线电专科学校及溯源电子学校，培养了大批相关技术人才。

　　真心实意、出钱出力推动海外华文教育的台山人还有印度尼西亚的黄洁，泰国的马棠政、马立群，美国的谭澄波，缅甸的陈洪安、黄重运，菲律宾的刘芝田，印度的余绪贤，沙捞越（现属马来西亚）的丘灵恩，等等。培正中学是在华侨资助下成长起来的中学名校，历任校长中有李锦纶、邝秉仁、黄明衡三位台山人。雷鸣春从20世纪60年代起先后出任广州市公安学校校长及广州市行政学院常务副院长，曾获评"广州市理论学习标兵"。

　　台山人学业有成之后，不少人会服务教育界，成为出色的园丁，桃李满天下。据不完全统计，有以下台山籍名师：

　　（1）国内。

　　雷洁琼——燕京大学教授，主要专业领域：社会学。

　　伍荣林——华北大学教授，主要专业领域：空气动力学。

　　林为干——岭南大学教授，主要专业领域：物理学。

　　余国璋——天津大学教授，主要专业领域：化学。

　　蔡睿旻——清华大学教授，主要专业领域：工程热力学。

　　黄乃正——香港中文大学教授，主要专业领域：化学。

　　陈新滋——香港理工大学教授，主要专业领域：生物学。

　　叶玉如——香港科技大学教授，主要专业领域：神经学。

　　雷飞鸿——台湾逢甲大学教授，诗人。

　　雷香庭——中山大学教授，主要专业领域：逻辑学。

　　叶钊章——中山大学教授，主要专业领域：法学。

　　伍颜贞——暨南大学教授，主要专业领域：化学。

　　梅甸初——华南师范大学教授，主要专业领域：地理学。

　　谭沃心——岭南大学教授，主要专业领域：神学。

　　（2）国外。

　　雷干城——美国柏克莱大学教授，主要专业领域：物理学。

　　黄伯飞——美国耶鲁大学教授，主要专业领域：中国语言学。

　　刘博智——美国堪萨斯大学教授，摄影家。

伍荣林

林为干

黄乃正

陈新滋

叶玉如

雷干城

黄伯飞

刘博智

台山籍名师群像

文化名流
艺术大师

　　在广州风景秀丽的荔枝湾畔，有一座精致美观的园林建筑，名曰小画舫斋。它建于 1902 年，主人是出生于台山的新加坡归侨黄景棠。他既是儒商，亦系诗人，著有《倚剑楼诗草》。小画舫斋是清末广州文人墨客雅集之所，他们在此诗词唱和、即席挥毫、鉴赏古玩，传为佳话。黄景棠对于推动当时的广州文化繁荣可谓功不可没。

小画舫斋

黄宁婴

对中国文化事业作出不朽贡献的还有台山人伍联德。他在上海创办的《良友》画报图文并茂，印刷精美，文化内涵丰富，被称作百科全书式刊物，创刊号即售出7 000册之多。《良友》画报畅销全国各地甚至世界五大洲，被称作"天下良友"。人称"凡有华人的地方，必有《良友》画报"。

20世纪的中国文坛上活跃着一批台山人，他们均有良好的教育背景，深受新文化运动影响，投身反帝爱国运动，在文学创作上各擅胜场。

他们当中有诗人黄宁婴、小说家紫风、诗人雷石榆、文学翻译家与理论家林焕平、散文家陈白曙、俄文翻译家伍孟昌、杂文家于逢等。其中，黄宁婴和于逢曾出任广东省作家协会副主席，陈白曙曾出任桂林市文联代主席，雷石榆、于逢还从事过文学教育工作。

台山是著名侨乡，台山籍文人自然对海外华侨有特别的情怀。旅美学者李瑞芳专注于美国华裔研究，出版了《金山客》《华裔在美国》等一批好书，其中《华裔人力和就业调查》获得了"优秀著作荣誉奖"。雷竞璇是香港中文大学荣休教授，他本身系华侨子弟，退休后全心全意从事美洲华侨研究，写出了《末路遗民：古巴华侨访谈录》《十九世纪古巴华工》等极有分量的著作。暨南大学中文系原副主任黄卓才教授是古巴侨属，他退休后两度出洋探寻父亲当年在海外的踪迹，著有《鸿雁飞越加勒比：古巴华侨家书纪事》《古巴随笔：追寻华人踪迹》等可读性很强的书。旅美作家谭恩美曾以华裔女性生活经历为题材写成小说《喜福会》，该书畅销全美，一年内光精装本便卖出了近 30 万册，之后还陆续被翻译成 25 种语言出版，并改编成电影。

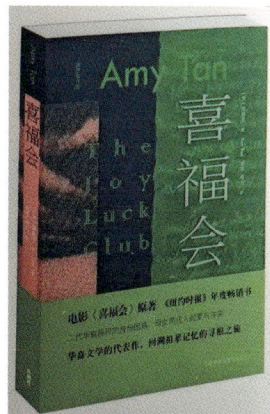

谭恩美及其畅销书《喜福会》

黄卓才（右七）陪同古巴驻穗总领事等人访问侨乡

147

杨善深

余本

黄新波

陈洞庭

陈丹青

梁光泽
（李素萍摄）

在中国画坛，台山人亦贡献良多。熟悉中国美术的人不会不知道岭南画派，熟悉岭南画派的人不会不知道杨善深。他与高剑父、陈树人、赵少昂齐名，为岭南画派四大家之一。曾任广东画院副院长的余本是留加的著名油画家。他的画作《纤夫》《月琴》等曾入选加拿大全国美术作品展，尤其是《纤夫》，曾轰动中外画坛。人民大会堂广东厅就一直挂着余本的油画。黄新波是上海美术专科学校出身的奇才，曾任中国美术协会广州分会主席。黄新波的木刻画得到鲁迅的喜爱，鲁迅还资助他出版作品，并欣然为之作序。陈洞庭曾出任广东画院副院长，师从关山月、黎雄才。他的才能充分体现在速写作品上，其舞台速写集《友谊的花朵》《东方歌舞》令人拍案叫绝。关山月的诗句"才华正茂天偏妒，活现音容笔墨传"，正是对陈洞庭一生的最好总结。曾任广州画院副院长的黄克坚是绘画天才，14岁时即有画作在我国香港及南洋地区展出。他的国画作品《红梅》《紫云》等风格独特，推陈出新，深受好评。陈丹青天赋异禀，自学成才，毕业于中央美术学院。他在1984年以《西藏组画》轰动中外画坛，又在2006年荣获中国首届"时代艺术家"大奖。油画家梁光泽是广东省文史馆馆员、麓湖画派创始人之一。他作画40多年，对中国油画史的研究眼光独到、造诣很深，举办了10余次画展，曾获国内外多项大奖。

台山人在中国乐坛的存在感亦很强。李凌系中央乐团创团团长、中国音乐学院院长，曾入选英国剑桥国际传记中心《世界名人录》。他早年赴延安鲁迅艺术学院学习，后到上海创办中华星期音乐院，旋又南下香港创办中华音乐学院，并在 1948 年春节组织千人唱响《黄河大合唱》，轰动香港。刘天一是音乐界又一个响亮名字。他非科班出身，却能集众所长，融会贯通。他对广东音乐演奏进行了大胆创新，从西洋音乐及潮州音乐中吸取养分，发明了不少新的演奏技巧和手法，给广东音乐锦上添花。刘天一在出访苏联时被誉为"天才音乐家"。作曲家李鹰航亦是延安鲁迅艺术学院的学生，曾任广州市文化局副局长。《黄河大合唱》第三乐章《黄河之水天上来》系由冼星海与李鹰航二人合作谱曲。甄伯蔚同样是延安鲁迅艺术学院的学生，曾任广西艺术学院教授、广西音乐协会副主席。他自小酷爱乐器演奏，管乐与弦乐皆通。他还是个多面手，作曲、独奏、独唱、乐理样样拿手。说到独唱，就不能不提到女高音歌唱家伍恩亚。她年轻时曾北上燕京大学专攻美声唱法，音色优美，歌声动人，后任教于广州音乐专科学校（现星海音乐学院），培养音乐人才，直至退休。

以言流行与通俗艺术，歌影视方面的杰出台山演艺工作者亦不少。歌唱界有陈百强、黄家驹、黄家强、伍思凯、雷颂德、郑少秋等；影视界有甄子丹、梁朝伟、麦嘉、曹达华、余文乐、冯德伦、林家栋等。

李凌　　　　　　　　　　刘天一　　　　　　　　　　甄伯蔚

体育达人
运动健将

　　20世纪20年代的台山，体育运动在年轻人当中已相当普及。台山素有"排球之乡"之称，周恩来总理曾有"全国排球半台山"的评价。据说五六十年代国家队与各省队排球运动员中台山人比比皆是，每逢比赛同声同气者甚多，台山话萦绕球场。在1959年举行的全国排球邀请赛中，台山男子排球队荣获冠军。当时全国甲级排球队共20支，选手共149人，其中台山人就有69人。在我国排坛留下名字的台山高手有马杏修、黄鼎芬、谭永湛、李福申、陈英宽、赵善性、刘权达、曹庭赞、杨迪贤、梅奕权、梅球相、丘广燮、黎连盈、黎连泽等。

1953年，时任国家体委排球司司长朱杏修（后排右一）与中国男排队员等人合影

台山排球固然誉满中华，但许多人并不知道，在我国足坛上，台山人亦留下过响当当的名字，他就是 20 世纪 80 年代享誉中外的容志行。容志行的父母是印度归侨，母亲在回国的轮船上生下他。容志行从小热爱足球，24 岁时进入国家队，后来还当了队长。球艺高超、脚法细腻的容志行发明了神乎其神的"香蕉球"，常常让对手摸不着头脑。作为主力右前卫，他时时发挥中场灵魂作用，又不时单刀直入，起脚破门。在他领导国家队期间，国足表现奇佳。容志行曾连续三年被评为"全国十佳运动员"。

容志行

20 世纪 50 年代我国体育整体水平相对落后，但仍有三位运动员率先打破了世界纪录，其中一人便是原籍台山的戚烈云。他生于香港，从小酷爱游泳，尤擅蛙泳，人称"蛙王"。1954 年，戚烈云加入国家队。他一度患上肺结核，所幸经积极治疗，终于战胜病魔。在苏联教练古巴诺夫的精心栽培下，戚烈云掌握了高航式游法，通过减少身体与水面的接触，使速度进一步提高。1957 年 5 月 1 日，他在广州越秀山游泳场的表演赛中打破百米蛙泳世界纪录。戚烈云还曾当选全国青联副主席。

台山健儿在田径场上也有不俗表现。伍健辉在台山一中上学时已显露短跑天赋，17 岁即入选广东省田径队，开始接受系统、科学的训练。1989 年，伍健辉进入国家队，揭开了人生新一页。他先后荣获全国田径锦标赛 100 米、200 米短跑冠军，北京亚运会 4×100 米接力赛冠军，世界田径锦标赛古巴站 4×100 米接力赛第八名，成绩骄人。伍健辉退役后成为教练，继续为体育事业发光发热。

戚烈云

台山健儿在外国体坛上亦屡创佳绩。马景康曾在加拿大中部乒乓球公开赛中荣获三届男子单打冠军及两届男子双打冠军。体操好手马思明系美国国家体操女队中唯一的华裔成员，她曾与队友们一道夺得全美运动会团体金牌，又在太平洋联盟体操锦标赛中荣获高低杠冠军与女子全能亚军。

希扬

海外贤达
华裔之光

　　海外的台山籍华裔，不少人经过奋斗成功融入了当地主流社会，扬名遐迩，赢得了世人尊重。除了本书第一篇所列举的伍冰枝等一众海外台山名人外，还有以下几位不平凡者值得记录，他们均在国外有出色的作为。

　　1851年5月1日，在伦敦首届世界博览会开幕式上，一位华人出现在英女王身边，他优雅地向女王行礼，双方进行了友好互动。《匹茨菲尔德太阳报》就此发表了相关报道，令这位华人名声大噪，他正是台山人希扬。希扬在1864年受聘成为英国商船"耆英号"的船员，从我国香港出发，越过太平洋载货到美国，后又以船长身份驾船到英国。希扬不但航海技术了得，英语亦讲得漂亮。当时他以"广东老爷希生"的名号在欧洲广为人知，增进了世界人民对中国的了解。

　　另一位传奇人物则是丁龙。他于18岁离华赴美，在加州名人加朋蒂堤家中做仆人。丁龙任劳任怨，忠于职守，行事遵从中华传统美德，赢得了加朋蒂堤的信任。及至丁龙年老，加朋蒂堤执意要为他完成最大的心愿。丁龙一不求财二不谋利，只希望能在美国推广中华文化。加朋蒂堤遂出资1.2万美元，在哥伦比亚大学开设了东亚汉学系。此事惊动了清廷，慈禧太后、李鸿章、伍朝枢等曾向该系捐书。学者胡适、陶行知、闻一多、徐志摩等也曾在该系深造，受益匪浅。

上文曾经提及的纽约侨领李希龄，其子李锦纶毕业于美国芝加哥大学，曾任中华民国外交官，历任驻墨西哥、波兰、捷克、葡萄牙等国公使，长达二十余年。他还担任过中华民国外交部顾问、政务次长及代理部长。李锦纶以拳拳报国之心及卓越的外交才能关心、维护驻在国华侨华人的权益，协助政府当局制定独立自主的国籍法，推进中外人民友好关系，贡献良多。

台山人在美国好莱坞下了一个"双黄蛋"。第一个"黄"是黄宗霑，他系第一个捧走奥斯卡"小金人"的华裔。黄宗霑于5岁离华赴美，12岁进入电影公司打工，先后做过清洁工、杂工和场记。其间他对摄影和电影着了迷，自己花钱买零件组装了一台摄影机。黄宗霑非常好学，善于"偷师"，在摄影棚中读完了他的"电影学"学业。1919年，他终于有机会当上第四摄影助理。黄宗霑头脑灵活，不断求变，在拍摄过程中多有发明创新。他在长焦距镜头运用、广角镜头运用、运动镜头跟拍等方面有所建树，能使画面效果更佳。黄宗霑入选了"电影史上十大摄影师"，被誉为"抱着摄影机的诗人"，两次获得奥斯卡最佳摄影奖，十次获得该奖项提名。第二个"黄"则是电影明星黄柳霜。她自幼迷上电影，碰上有人拍摄外景便驻足

丁龙

李锦纶

黄宗霑

黄柳霜

观看。黄柳霜在 11 岁时被导演选中，成为群众演员。她的表演天赋令她 17 岁就成为电影《海逝》的女一号。而令黄柳霜名声大噪的作品则是她在 19 岁出演的电影《巴格达窃贼》。之后黄柳霜去欧洲发展，用英语、法语、德语、瑞典语等数种语言出演歌剧及话剧。抗战爆发后，她向中国捐献了大笔专款，以支援抗日。

台山人在海外农业科技上的成就亦不可不提。雷振光一心扑在水果良种培育上，利用人工授粉技术在美国佛罗里达州培育出一种橙果新品种，使之更加味甜多汁，又可长期挂树，并且不易生斑腐烂。这种橙子受到业界的赞誉及市场的欢迎，被称为"雷振光橙"。1911 年，雷振光因此荣获威尔德奖。

台山人陈亚炎在马来西亚霹雳州开发有功，被任命为"华人甲必丹"（华人首领之意）。

李嘉人

黄 洁

雷于蓝

梅日新

陈亚炎

伍淑清

伍舜德

陈泽富

雷觉坤

陈百强

林伟俦

雷秀民

台山籍各界名人群像（一）

伍冰枝

陈仲民

朱惠琼

伍绍良

骆家辉

黄锦波

台山籍各界名人群像（二）

附　录
台山民间故事

· · · · · · · · · · ·

　　此部分小故事是笔者雷鸣夏小时候听祖母黄共娣口述后记下并略加整理的。

　　祖母为台山白沙镇南坑村人。她虽未曾接受正规教育，却能背不少古诗词，如《木兰诗》《孔雀东南飞》等；还能讲许多故事，如《梁山伯与祝英台》，以及本地流传的民间故事。她"讲古"时绘声绘色，引人入胜，为笔者的童年生活增添了不少乐趣。

琅琅被

在一个月黑风高的夜晚，一个小偷正准备干鸡鸣狗盗之事。他路过一间小屋，忽而听到从破窗里飘出的一个男孩的声音："姐姐，今日转冷了，我们盖上'琅琅被'吧！"小偷听后暗暗思忖："琅琅被"是什么东西？琅琅可是玉器互击所发出的声音，难道这是美玉所制的传家之宝？于是，他从破窗的洞口向内张望，只见两姐弟正在抱团取暖，身上盖的是几把禾秆草，而稻草相互摩擦时会发出窸窸窣窣的声响。原来如此！小偷明白了：这家人真穷啊，过得比我还凄惨！我不仅不能偷他们的东西，还应当帮助他们。小偷打定主意，便从窗洞往里扔进去一串铜钱。

过了一段时间，小偷再次路过这间小屋，看到破窗上挂着一串铜钱，并附有纸条一张，上面写着：失物招领。他往里头一望，人去房空矣。原来姐弟俩感动之余，鼓起勇气去县城找到了一份工作，从此告别了琅琅被。

金 尺

有一乡下农夫家庭，生活不富裕，仅可温饱。农夫膝下有二子，长子唤作名崇，次子取名明理。农夫本欲供两人上学以改变命运，无奈力不从心，只能勉强送老大到县城负笈，老二仍留在村中务农。

数年后老大学成归来，农夫满心欢喜，急欲了解其学业成绩。名崇从行李中取出一把尺子，对家人道："此乃学堂奖给我的金尺，因为我成绩优异，全班考试第一。"农夫闻之大喜，取金尺放在手上摩挲玩赏，爱不释手。明理见状忽道："爹爹，容小儿看看。这就是金造的尺子么？这种材料我在山上见过。"

农夫闻之错愕，明理于是道出其详。原来有一日他上山砍柴，忽遇大雨，便寻得一个山洞进内躲避。突然他见到洞穴深处有闪闪发光之物，便趋前细察，原来是一块石头，石头发出与名崇的金尺同样之色光。但他当时并没有把这当一回事。

农夫听了之后决定立即入山看个究竟。父子三人来到之前明理躲雨的山洞，果然金石仍在，闪烁抢眼。父子三人遂一同将金石搬运回家，然后请县城金铺掌柜前来看货，待价而沽。结果金石卖了个好价钱，农夫一家的生活从此大为改善，步入富足。

救　父

过去有个富家子弟叫作阿福。他沾染了游手好闲的恶习，整日无所事事，衣来伸手，饭来张口，呼奴喝仆，养尊处优。左邻右舍都看不惯阿福的阔少作风，颇有微词，认为其父对他溺爱纵容，养出了一个败家子。家仆们也看不惯这位少爷，常远远避开。可是阿福依然我行我素，还自编了一首歌，天天引吭高唱："食爷饭，着爷衣，日无所想夜不思，行行企企合我意，阔佬懒理最相宜……"

阿福的母亲早已亡故，到阿福 20 岁时，其父亦因病作古。老爷一死，家仆们便如鸟兽散，无人愿意留下照顾阿福，邻居们亦无人关照他。阿福唯有呆坐在亡父棺木边，孑然一身，形影相吊。不时还有一些嘲讽他的声音从门外飘入，令他觉得如坐针毡，难受极了。

三十六计走为上计。宅子的后门通向河边，阿福费了九牛二虎之力将棺木推下小河，他自己则坐在棺木上，让亡父的灵柩顺水漂流。不久，阿福发现一只小老鼠爬上了棺木，便一拳打下去，竟将小老鼠打死了。谁知过了一会儿，又有几只小老鼠口衔一些小树叶爬了上来，将叶子铺在死鼠身上。俄顷，死鼠居然活了过来。阿福诧异之余举目四望，原来河岸上有长着这种叶子的小树。他受到了启发，将棺木划到河边，上岸摘了叶子，然后打开棺盖，将叶子铺在亡父尸体上。这时，奇迹发生了，其父一骨碌坐起身，复活了。

父子两人于是兴高采烈地一同回家。阿福从此改掉了好吃懒做的坏习气，帮助父亲经营生意，家境比先前更为兴旺，邻里街坊都对阿福刮目相看了。

后　记

　　本书能够顺利出版，与不少部门领导、亲朋好友的支持和帮助是分不开的。

　　雷冠球夫妇不辞劳苦多次陪同我们拍摄，带路问询，功不可没。冠球的友人、台山市文广新局局长黄伟中和台山市档案馆马岭南先生热情为我们提供资料，令人感奋；黄广安先生数次参与拍摄工作，并提供意见，出力不少；冯醒记、徐炽斌先生多次帮忙对图片进行后期处理，贡献良多。

　　台山有关领导给予了我们支持和鼓励，包括市委统战部副部长雷沛洁、市旅游局局长雷克、市博物馆馆长叶玉芳等。五邑大学黄海娟教授、暨南大学黄卓才教授亦对我们有所指导。

　　四九书院院长郭建琳、新华社前驻伊朗记者付航先生以及吴家如女士为我们的写作提供了便利。

　　谨此对以上各位以及遗漏的相助者致以深切的谢意！

　　本书所引图片，除特别说明外，均为资料图片。

雷鸣夏　陈梦醒　何志达　吴伟鹏

2022 年 3 月